日本人は民主主義を捨てたがっているのか？

「脱原発」を掲げて，2011年の川崎市議選に立候補し，駅前で演説をする山内和彦氏(映画『選挙2』より)

想田 和弘

岩波ブックレット No. 885

はじめに

「日本人は民主主義を捨てたがっているのか？」

こんな題名の文章を書いて出版することになろうとは、つい最近まで、思ってもみませんでした。

一九七〇年生まれの僕は、この世に生を受けたときから、日本は（一応は曲がりなりにも）民主主義の国でした。二二歳のときに映画製作を勉強するためニューヨークに移住しましたが、周知の通り、アメリカも（一応は曲がりなりにも）民主主義を採用しています。つまり、僕は生まれてからこの方、ずっと「自分の住む国が民主主義国家であること」を当たり前に感じながら育ってきました。民主主義は、良くも悪くも、僕にとって水か空気のような存在だったのです。

だからか、最近の日本社会で起きつつある現象を観察しながら、「もしかすると、日本人は民主主義を捨てようとしているのかもしれない」という疑念が頭をもたげても、「まさかそんなわけはない」と打ち消したくなります。わが祖国が民主主義以外の政治体制に移行することを、どうにも想像することが難しいのです。

それはたぶん僕だけではありません。日本国憲法が一九四七年に施行され、民主主義の世の中になってから七〇年近くになります。日本国民の大半は、僕と同じような感覚でいるのではないでしょうか。

しかし、「日本の政治体制は、これからもずっと民主主義であるに違いない」という信憑《しんぴょう》は、最近、僕の中で少しずつ崩れてきています。

僕の脳内では、民主主義に対する危機を察知するセンサーが作動し、アラーム音が鳴り始め、その音は止むどころかどんどん大きくなりつつあります。ところが、そのアラーム音が聞こえている人は、どうも日本人のごく一部に限られるようです。のっぴきならない危険が迫っているのに、大部分の人はセンサーが起動せずに平気な顔をしているようにみえるのです。

まさにそのことが理由で、僕は「今までが民主主義だったからといって、これからもそうであり続けるとは限らないのではないか」と本気で考え始めています。

危機感を抱く最初のきっかけになったのは、橋下徹大阪市長の台頭です。

詳しくは第1章で論じますが、僕は橋下氏は民主主義というシステムを終了させかねない人物だと考えています。現に、大阪に限って言えば、すでに民主的なプロセスの多くが事実上破壊され、停止させられているようにみえます。本来ならば、日本社会は免疫機能を発揮し、橋下氏が政治家としてこれほど大きくなる前に、早期に勢力を阻む必要があったのです。

ところが、僕が目撃したのは、それとは真逆の日本社会の姿です。

公務員や労働組合、知識人など、次から次へと「敵」を作り出しては攻撃する橋下氏の登場に、主権者の多くは溜飲を下げ、拍手喝采を送り、一部を除くマスメディアも賛美しました。その絶大な人気を背景に、橋下氏は大阪維新の会を作り、統一地方選挙や大阪ダブル選挙などで圧勝し、後には日本維新の会も結成して、国政にも進出を図りました。既成の大政党の多くがこぞって橋下氏と組みたがり、一時は「近い将来の首相候補」とまで噂されました。最近でこそ、旧日本軍の慰安婦制度について「必要だった」と正当化した「慰安婦発言」などで失速したものの、結成したばかりの日本維新の会は、二〇一二年一二月の衆議院選挙で五四もの議席を獲得しました。それは、民主主義にとって「天敵」のような政治家が、民主的な手続きで急速にのし上がっていくという不条理な光景です。僕はその様子をアメリカから眺めながら、一九三〇年代にナチスがドイツ国民の支持のもと急激に台頭していった様を連想しました。かつてドイツで起きた現象が、現代日本へ舞台を移して再現された映画か何かを観ているような感覚を憶《おぼ》えました。同時に、ワイマール憲法下のドイツのように、日本の民主主義も案外簡単に「自殺」しうるものなのではないかと、にわかに疑い始めたのです。

その疑念は、二〇一二年四月に発表された自民党改憲案（「日本国憲法改正草案」）と、その後の自民党の躍進によって、さらに強まりつつあります。

同改憲案は、第2章で詳述するように、一言でいえば「民主主義をそろそろ辞めませんか」という自民党からの提案です。正直、僕は自民党公式サイトにあった草案のＰＤＦファイルを読みながら、こう思ったものです。

「これで自民党は政党として終わったな。下野しているとはいえ、全体主義をはっきりと志向する政党を、マスコミや主権者が政権に復活させるはずがない」

ところが、日本社会の反応は、僕の予想を真っ向から裏切りました。

自民党改憲案が出されたとき、「国防軍の創設」についてはある程度マスコミも騒ぎましたが、それ以外の、基本的人権を骨抜きにするような前近代的で全体主義的な条文改変についてはほとんど論じられませんでした。したがって日本の主権者の多くも、今どきの言葉で言えばこの重大問題を「スルー」しました。

その結果、自民党は政党として終わるどころか、一二年末の衆院選で圧勝し、政権を奪還しました。のみならず、あの醜悪な改憲案を保持したまま憲法改定を公約に掲げ、一三年七月の参院選でも圧勝し、両院をコントロールするに至ったのです。

しかも、いずれの選挙も歴史的な低投票率で、半分近くの主権者が審判に参加しませんでした。日本の成人の二人に一人は、民主的プロセスにとって最も重要な機会のひとつである選挙を棄権することで、民主主義の終了を目指す政党に圧倒的な議席数を与えたのです。

このブックレットに収めた第1章と第2章はそれぞれ、雑誌『世界』の二〇一二年七月号と二〇一三年六月号に寄稿した論考をもとにしています。若干の加筆・修正は施しましたが、ほとんどそのまま収録しています。最近、物事の移り変わりが激しすぎて、社会全体が忘れっぽくなっているようにみえるので、執筆当時の空気感を含めて読者に思い起こしていただきたいのです。第3章は、ブログなどに発表した文章を織り交ぜながら、新たに書き下ろしました。

第1章と第2章を改めて読み返してみると、それぞれ異なる時期に異なる現象について書いていながら、僕が問うていたのは究極的には同じことだということに気づかされます。つまり、民主主義を壊そうとしている政治家らの動きを許している、私たち主権者の責任です。したがって第3章は、主にその点を掘り下げる試みとしました。

映画を作ることを本業とする、政治については素人の僕が、こんな論考を発表することに違和感を覚える読者もおられるかもしれません。「門外漢は口を出すな、政治のことは政治家や専門家に任せておけ」というお叱りの声が飛んできそうな気もしています。実際、ツイッターなどで政治的な発言をすると、「お前は映画だけ作ってろ」というリプライを頻繁にいただきます。

しかし、民主主義がいま危機的状況にあるのは、私たち市民が、まさに政治家任せ、専門家任せにして、主権者としての責任を忘れてきたからではないでしょうか。民主主義を構成する大多数の「門外漢」がそれぞれの責任を果たそうとしないことこそが、民主主義を崖っぷちにまで追いやっている要因ではないかと思うのです。それに、民主主義が終了することで日々の生活や人生に極めて深刻な影響を被るのは、無数の私たち「門外漢」なのです。

「門外漢は政治を論じるな」という風潮に風穴をあける最良の方法は、「門外漢が実際に政治について語ること」だと信じます。僕は日本の民主制を構成する主権者の一人として、この本でわが祖国の政治について語ろうと思います。それが僕の責任だと思うのです。

その行為は、街中に散らばっている無数のゴミのひとつを拾い上げるような、とても些細な試みかもしれません。少なくとも、僕一人がいくら頑張っても、「民主主義」という名の街を汚しているゴミをすべて拾い上げることは不可能です。だからこの原稿を書きながらも、僕の頭の中では「こんなことやっても、意味ないよ」とささやく意地悪い声が聞こえてきます。

しかし、にもかかわらず、僕はこの原稿を書き進めようと思います。たったひとつのゴミでも、それを拾えば、その分は綺麗になるからです。逆に言うと、たったひとつのゴミを拾うことから始めなければ、街は永遠に汚れたままなのです。それに、僕の行為に触発されて、多くの人がゴミを拾い始めれば、街はかなり綺麗になると思うのです。それはおそらく、主権者一人ひとりが作り上げていくべき民主主義という政治体制の、本質的な性質でもあるのです。

本書が、民主主義という名の街に住む皆さんの少しでもお役に立てるとしたら、住人の一人として本懐です。

第1章　言葉が「支配」するもの――橋下支持の「謎」を追う

支持されることの「謎」

僕は大阪出身でもなければ、府民でもありません。日本に住んでさえいません。一九九三年からニューヨークに住み、あまり売れているとはいえないドキュメンタリー映画ばかりを細々と作っています。仕事上でも、橋下氏を直接取材したこともなければ、お会いしたこともありません。ある意味、「橋下問題」とはかなり遠いところにいる人間です。

しかし、最近、様々な方から頻繁に「なぜ、これほどまでに橋下徹氏が支持されるのか」という質問を受けます。

というのも、僕がここ数カ月、「橋下問題」を気にかけ、ウォッチし、毎日のようにツイッター上で橋下氏の発言や行動を分析したり、批判したりしているからでしょう。そして、橋下氏を支持する人々や、批判する人々と、かなり盛んに意見交換しているからではないかと思います。

でも、正直申し上げて、「なぜ、これほどまでに橋下徹氏が支持されるのか」という疑問に対する明確な答えを、僕は持っていません。その最大の理由は、明白です。僕が橋下徹氏に政治家としての可能性や魅力を感じないばかりか、危険だとさえ思っているので、支持する人の気持ちが分からないのです。

もちろん、橋下人気の背景に、既成政党の無能・無策ぶりや、行き詰まった経済や福祉制度、原発政策などに対する、人々の鬱積《うっせき》した不満や怒りがあるのは明白でしょう。現状があまりに酷《ひど》過ぎて、誰かを救世主に仕立てたくなる気持ちも分からないではありません。しかし、威勢はよいけど強権的で大した実績もなく、遵法意識が低く、発言内容がコロコロ変わり、ビジョンも稚拙といわざるをえない橋下氏を、なぜ救い主であると信じられるのか。僕は理解に苦しむのです。

では、橋下氏を支持する人に聞けば、それが明解になるのでしょうか。僕は、橋下氏を支持する人々とネットを中心にずいぶんやり取りし、彼らの発言をかなりたくさん読み込んできました。しかし、今のところ残念ながら、腑に落ちる、共感できるような見解には出会えていません。むしろ、読めば読むほど、議論すればするほど、謎は深まるばかりなのです。

とはいえ、そうした作業を進めるうちに、橋下氏を支持する言説に、ひとつの気になる傾向があることに気づきました。そしてその傾向には、「なぜ、これほどまでに橋下徹氏が支持されるのか」という問いについて考えるための、重要な糸口があるような気がしてならないのです。

言葉の支配と思考・行動の支配

その、ひとつの「気になる傾向」とは何か。

それは、多くの橋下支持者は、橋下氏が使う言葉を九官鳥のようにそっくりそのまま使用するということです。例えば、二〇一二年二月に起きた大阪市職員に対する「強制アンケート思想調査」の一件(三六—三七ページ参照)では、アンケート調査の当事者である大阪市役所労働組合のブログに、以下のような書き込みが寄せられていました。

「普通は社長に反抗すればクビ。大阪市の社長は市民が決めた橋下さん。市長や知事を決めたのは大阪府民、大阪市民です。あなたたちの給料は市民からでてます。大阪市民が橋下さんに全て託したんやから橋下さんに従いなさいよ」

「業務命令というなら従いましょう。嫌なら辞めましょう」

「市長が調査に乗り出すと憲法違反を持ち出して公然と批判。調査の原因である自分達がこれまで勤務時間内にやってきたことは完全に棚上げ。既得権益ってこうやって守るんですよというお手本みたいな行動ですね。勉強になります」

「違憲と思うなら裁判でもすればいい。回答しなかったら処分されるまで。もっとわめいて大騒ぎすればいい。大騒ぎすればするほどいい意味でも悪い意味でも注目を浴びるから。今まで絶対的身分保障の名の下に好き放題してきたことも白日の下にさらされる。私は大阪市民!じっと見ているぞ!」

橋下市長の発言によく触れている人なら、これらの発言が、語彙も論理も文体も、橋下氏とそっくりだということに気づくでしょう。

「大阪市の社長は市民が決めた橋下さん」というのは、橋下氏が「民意」を持ち出して自らを務命令」「既得権益」「身分保障」などの語彙も、氏が好んで使うキーワードです。「嫌なら辞めろ」というのも、橋下氏の口からよく発せられるフレーズです。これらの文章の主語などを少しだけ書き換えて橋下氏のツイッターに転載したとしても、たぶんそのまま橋下氏の発言として通用してしまうほど、酷似しています。

つい最近（二〇一二年五月）話題になった「毎日放送記者の糾弾事件」でも、同様のことが観察できました。橋下氏が記者会見で、教職員の君が代起立斉唱強制問題について質問した毎日放送の記者を「逆質問」で糾弾した、あの一件です。

同事件では、その一部始終を記録した動画がユーチューブで広まり、橋下氏の尻馬に乗って記者を侮辱する言葉がネット上に溢れ返りましたが、彼らが多用したのは、「とんちんかん」「勉強不足」「新喜劇」といった言葉でした。動画を実際にご覧になった方なら分かると思いますが、これらはすべて、橋下氏自身が動画の中で発した言葉です。彼らは、「他人を罵《ののし》る」という極めて個人的な作業にも、自ら言葉を紡ぐことなく、橋下氏の言葉をそっくりそのまま借用したのです。

これはいったい、何を意味するのでしょうか。

思考は、言葉です。思考の支配は、言葉を支配することによって成し遂げられます。橋下氏の言葉を進んで使う人々は、橋下氏の言葉によって思考を支配されているといえるのではないでしょうか。そして、思考を支配されているがゆえに、行動も支配されているのではないでしょうか。

「テロとの戦い」という世界観

これは何も目新しい現象ではありません。

僕が今ある種の戦慄を覚えながら思い出しているのは、二〇〇一年九月一一日に起きた、あの事件です。

あの日以来、ジョージ・W・ブッシュ米大統領や米政府高官は、「War on Terrorism（テロとの戦い）」というキャッチフレーズをことあるごとに使い始めました。するとどうでしょう。まずその言葉をアメリカのテレビのアナウンサーやコメンテイター、新聞記者たちが競うように使い始め、瞬く間に大多数のアメリカ人が口にし始めました。それはまるでアメリカ中の人々が、一斉にブッシュ大統領にのりうつられたような不吉な光景でした。そして、「War on Terrorism」という言葉に支配され、怯え憤ったアメリカ社会は、合計九〇万人とも推計される犠牲者が出ることになる、二つの無意味な戦争に突き進んでいったのです。

いや、アメリカ社会だけではありません。僕は太平洋を隔てた日本の報道機関や政治家、一般市民までもが「テロとの戦い」という翻訳語を当たり前のように使っているのを聞いて、とても奇妙に感じたのを憶えています。

「テロとの戦い」というスローガンは、明らかにアメリカ側から世界を眺めた、決して政治的に中立ではない言葉です。少なくとも、それを合い言葉に爆撃されたアフガニスタンの一般市民は、米軍の行為を「テロとの戦い」と呼ぶことには釈然としないでしょう。たぶん、彼らにとっての現実を正確に指し示すフレーズは、「米軍による軍事侵略」といった言葉であるはずです。しかし、日本人の大半は、米国が打ち出した「テロとの戦い」という言葉を、おそらくほとんど無意識に採用した。同時に、それがかたどる政治的な枠組みに思考や世界観を支配されたのです。そして、行動までも支配された。日本政府が「国際貢献」というもう一つのキャッチフレーズとともに、米軍支援のために自衛隊を差し出したことは、みなさんの記憶にも新しいことでしょう。

そう考えると、同様の例はいくらでも見つかることに気づかされます。いや、社会が大きく動かされる際には、人々がそれによって思考を支配されるような、キーワードとなる言葉が必ずあるともいえるでしょう。

最近日本社会を席巻した言葉の例を挙げれば、「構造改革」「抵抗勢力」「規制緩和」「政権交代」「政治主導」……。

大事なポイントは、これらの言葉は為政者が民衆を羽交い締めにして、無理矢理言わせたものではない、ということです。それらは、たしかに政治家たちによって考案され、社会に投じられた言葉かもしれません。しかし、それらを進んで唱和したのは、私たち民衆なのです。

いや、もちろん、唱和するのを拒んだ人も多数いたでしょう。僕自身のことを申し上げれば、「政権交代」以外の言葉は唱える気になりませんでした。けれども、唱える人の勢いや数がそうでない人を上回っていたからこそ、社会全体がそれらの言葉に動かされたことは否めないのです。

では、なぜ大多数の人は、好き好んでそれらの言葉を合唱したのか。

僕は、それらの言葉がそのときどきで、ある種の「リアリティ」を持って人々の心に響くと同時に、感情を動かしたからだと思います。

例えば、「テロとの戦い」という言葉が二〇〇〇年代前半に特に効力を持ちえたのは、九月一一日の事件が起きたからにほかなりません。それは、「もしブッシュ大統領が九月一〇日に同じ言葉を発していたら」と想像すれば容易に分かります。おそらくアメリカ人のほとんどがピンとこなくて、「はあ?」と首を傾げたことでしょう。アメリカ人が九月一一日以降、「テロとの戦い」に首を傾げるどころか、それを合い言葉に戦争を始めたのは、「祖国がテロリストの魔の手に晒《さら》されている」という信憑が(それが正確な状況把握かどうかは別にして)十分成り立ち、恐れと怒りという感情に支配されていたからなのです。

去年(二〇一一年)から日本の社会で急速に人々のスローガンとなりつつある「脱原発」という言葉もそうですね。僕は八〇年代からの「脱原発派」の一人ですが、二〇一一年三月一〇日までは、「脱原発」という言葉を日本で発しても、「ああ、左翼がまた非現実的なことを言ってるな」というレッテルを貼られ、軽蔑の眼差しで見られる場合がほとんどでした。ところがどうでしょう。福島で破滅的な原発事故が起きて以来、この言葉は急激に市民権と力を得ました。言葉そのものは、昔からずっと「脱原発」であるにもかかわらず、まるでそれが別の言葉に生まれ変わったかのように、突然「化けた」のです。そしてその豹変ぶりは、別に脱原発派の運動や宣伝が急にうまくなったことに起因しているわけではありません。原発事故による甚大な被害が実際に起き、急激にリアリティを得て日本人の感情を動かした。だからこそ、「脱原発」という言葉は一夜にして、多くの人々が唱和するスローガンに変貌したのです。

橋下氏の言葉の「感染力」

ここで、橋下徹市長の問題に戻ります。

なぜ、橋下氏の支持者は、橋下氏が発する言葉を自ら進んで唱和するのか。

これまでの議論から、おそらく橋下氏が発する言葉が、「テロとの戦い」「脱原発」などの言葉と同様に、ある一定のリアリティを持って人々の心に響いているからだと推論できます。そして、大勢の人々が単純なキーワードによって思考を支配されるような現象は、別に橋下氏周辺に特有なわけではなくて、世界的に頻繁に観察できる「病態」であることが分かります。

とはいえ、「だから橋下徹という政治家を特別視する必要はない」という結論に至るのは早計でしょう。

橋下氏が大阪府知事選に当選し、政治家としてデビューしたのは二〇〇八年。わずか四年前です。国会議員でいえば、橋下氏は未だに「一年生議員」のようなものです。その彼が、いまでは大阪府市を制圧し、国政進出を狙い、一部では首相候補とさえささやかれている。

この急速な勢力の伸びは、決して尋常ではありません。このような躍進が可能になったのは、橋下氏が発する言葉に特別な「感染力」があるからこそだと、僕は見ています。

事実、橋下徹という政治家は、いま日本に存在する他のどの政治家よりも、キャッチフレーズやコピーとなる言葉を数多く発しているように思われます。

その例を挙げましょう。

「民意」「選挙で選ばれた代表」「決定できる政治」「既得権益」「二重行政」「大阪都構想」「対案を出せ」「文句があるならお前がやってみろ」「身分保障の公務員」「公務員は上司の命令に従え」「税金で飯を食う官僚」「トップ」「職務命令」「自称インテリ」「学者論議」「マネージメント」「リセット」などなど……。

これらは、橋下氏が好んで繰り返し使う言葉やフレーズです。そして橋下氏の支持者たちが、あたかも橋下氏になりきったかのように、プロパガンダ・マシーンよろしく連呼している言葉です。みなさんも、少なくともこのうちのいくつかは聞き覚えがあるのではないでしょうか。

もちろん、これらのほとんどは、橋下氏が一から作り上げた言葉ではありません。むしろ、ありふれた言葉です。しかしこの際、オリジナリティがあるかどうかは、あまり重要ではありません。重要なのは、橋下氏がこれらの言葉を繰り返し発することによって、事実上の専売特許にしてしまっていることです。そして、彼の支持者たちがこれらの「橋下市長の言葉」を、声高に輪唱している。その事実こそが、問題なのです（そういえば、「維新」という言葉も周知の通り橋下氏のオリジナルではありませんが、いまや「維新」といえば「大阪維新の会」を指す場合が多くなってしまいました）。

僕は野田佳彦総理が好んで使う言葉をいますぐ思い出そうとしても、ひと言も思いつくことができません。そして、野田総理の言葉を彼の支持者が合唱する現場を、一度も目撃したことがありません。つまり一国の総理が使う言葉よりも、一地方自治体の首長が使う言葉の方が、世の中に伝染し唱和されている。そういう、かなり特殊な事態がいま日本に生じつつあるのだと思います。

では、なぜ橋下徹の言葉には「感染力」があるのか。

橋下氏お得意のフレーズを並べてみると、人々が社会に対して抱いている不満や懸念を掬《すく》い上げるようなものであることに気づかされます。しかもそこに、人々の（理性ではなく）感情を煽り立てる何かを感じます。

例えば「民意」という言葉の裏には、「われわれ民衆の意思が政治に反映されていない」という漠然とした不満がにおいますし、「決定できる政治」というコピーの背景には、「今の政治は何も決定できず無能だ」という恨み節が存在します。「身分保障の公務員」というフレーズの背後にも、「身分保障なんて、俺たち派遣社員には関係ねえよ、チクショー」といった怨念のような感情が基調低音のように鳴り響いています。

逆に言うと、橋下徹という政治家は、そのような人々の感情の鉱脈のありかを察知し、言葉で探り当てることに長《た》けているのです。そしてそこにこそ、彼の言葉の感染力の強さの秘密があるのだと思います。

「民主主義」と「民意」

例えば彼が「民主主義」という言葉よりも「民意」という言葉を愛用するのは、前者が政治制度をクールに描写する言葉であるのに対して、後者が有権者の感情に直結している言葉だからではないでしょうか。

いや、もちろん「民主主義」という言葉も、軍国主義の時代が終わり、新しい時代が始まる予感に満ち満ちていた敗戦直後の日本人にとっては、きわめてダイレクトに感情にアクセスできた言葉であったのではないかと推察されます。だからこそ、「民主主義」という言葉は当時の日本で強力なスローガンとして機能し、社会全体を一八〇度引っくり返す力を持ちえたのだと思います。

しかし、物心ついた頃から民主主義が当たり前の、二一世紀に生きる現代人、特に若い世代にとってはどうでしょうか。「民主主義」という言葉は、単に政治制度を指し示すか、使い古された、お題目的な言葉に変質してしまっているような気がします。無論だからといって、民主主義そのものの価値が下落したわけでは決してありません。けれども、少なくとも若い世代の多くが「民意」という言葉の方に、より自己を投影し、当事者となり、感情移入しやすいように感じるとしても、そう不思議ではないのです。

そして、橋下氏はこのことをたぶん極めて冷徹に理解し、意識的に操作している。それを僕がなかば確信させられたのは、今年（二〇一二年）の五月一〇日の橋下氏自身のツイートによってです。彼は放射性廃棄物の処理方法に関する池田信夫氏のツイートに答えて、次のように述べています。

池田　「海洋投棄はけしからん」という感情論が多いが、一万mの日本海溝に沈める技術は確立しており、地層処分より安全。

橋下　こういう技術論を国民コンセンサスに高めるには膨大な政治エネルギーが必要。それをやらずに論を言うのは言うだけの世界。民主主義は感情統治。

僕はこの短いつぶやきにこそ、橋下氏が考える政治のイメージが集約されているように思います。つまり彼は、「民主主義は国民のコンセンサスを得るための制度だが、そのコンセンサスは、論理や科学的正しさではなく、感情によって成し遂げられるものだ」と言っているのです。

感情を統治するために

こうした橋下氏独特の民主主義観は、僕を次のような推論に導きます。

橋下氏は、人々の「感情を統治」するためにこそ、言葉を発しているのではないか。そして、橋下氏を支持する人々は、彼の言葉を自ら進んで輪唱することによって、「感情を統治」されているのではないか。

そう考えると、橋下氏がしばしば論理的にめちゃくちゃなことを述べたり、発言内容がコロコロ変わったりしても、ほとんど政治的なダメージを受けない（支持者が離れない）ことにも納得がいきます。そうした論理的ほころびは、彼を支持しない者（感情を統治されていない者）にとっては重大な瑕疵《かし》に見えますが、感情を支配された人々にとっては、大して問題になりません。なぜなら、いくら論理的には矛盾しても、感情的な流れにおいては完璧につじつまが合っているからです。

先述した「毎日放送記者の糾弾事件」はその好例です。この三〇分近くにわたる女性の記者と橋下市長とのやりとりでは、記者は一貫して、「君が代起立斉唱条例」を立案した張本人である橋下氏に対して、府立高校校長によるいわゆる「口元チェック」(自校の教職員が「君が代」を斉唱しているか口元を確認する行為)の是非を問い質しています。

記者としては当たり前の発想です。橋下氏が入学式や卒業式で教職員に君が代の起立斉唱を義務づける条例を作ったからこそ、教育委員会が起立斉唱命令を出し、校長が「口元チェック」をした。だから、立案者の橋下氏にそのことについて質問する。極めて自然なロジックです。ところが、橋下氏は「自分は条例を作っただけであり、命令を出したのは教育委員会だから、その問いに答えるのは自分の仕事ではない。だから教育委員会に聞け」と言いはり、記者を「勉強不足だ」と責めたてます。

冷静に考えれば、橋下氏の言うことは論理的に破綻しています。直接命令を出したのは教育委員会かもしれませんが、その元になる条例を作ったのは橋下氏なのですから、彼には記者の質問に答える責任があるはずです。少なくとも、質問をする記者が「とんちんかん」などと口汚くなじられる筋合いはありません。

しかし、動画を観た多くの人々が、橋下氏に対して拍手喝采を送りました。なぜなら、橋下氏が繰り出す言葉には、一貫して「ふざけんなよ、マスゴミのオンナ記者!」という感情が込められていたからです。論理的には矛盾していても、感情的には一本筋が通っていたのです。

だから日頃からマスコミに不満を抱いていたり、ミソジニー(女性嫌悪)的な暗い思いを抱いていたり、あるいは単に誰かをいじめたい気分に駆られていた人々は、彼の演出する感情に波長を合わせ易かったし、合わせることができた。そして彼が発した「とんちんかん」などという言葉をそのまま借用して、自らの感情をネット上などでぶちまけた。これは、橋下氏の目指している「感情を統治する民主主義」が典型的に機能した例だと言えるでしょう。

繰り出されるネタ、つくられるニュース

とはいえ、橋下氏の言葉がいくら感情を喚起し、したがって強い感染力があるとしても、それを流通させる手段がなければ、世の中に広く伝播することはできません。しかしこの点でも、橋下氏は非常に抜け目のない戦略家であると言わざるをえません。

実際、ツイッター上で橋下批判に本腰を入れてまもなく、僕は本当に驚かされました。例えばある日、君が代問題で橋下氏が物議をかもしたニュースについて一日かけてあれこれ論じていると、翌日には職員の入れ墨の件がニュースとして浮上するのでそれについて僕も論じる。ところが次の日には、橋下氏が知識人の誰かをツイッター上で罵倒して、それが問題になる。そして次の日は文楽潰しの問題、次の日は原発、次の日は維新八策……という具合に、ほとんど毎日、日替わり定食のように、何かしら問題、つまりニュースが起きるのです。

これを逐一取り上げると、どうなるか。僕は毎日毎日、橋下氏のことばかりを論評するはめになります。実際、実に忌々《いまいま》しいことですが、僕はここ数カ月、「映画作家」というよりも、「橋下

評論家」のようになっています。そしてこれこそが、僕だけではなく、関西のマスメディアが多かれ少なかれ陥っている状況なのです。

事実、橋下氏は毎朝三〇分間もの「ぶら下がり取材」と、週に一回二時間にも及ぶ記者会見を行っています。そして関西テレビ報道局デスクの迫川緑氏から聞いた話によると、橋下氏は会見を短く切り上げたりせずに、記者の方が根負けするくらい、とことん最後まで付き合うそうです。しかも橋下氏は毎日のように新しいネタを提供する。それもたいていは、物議をかもすような過激なネタです。テレビ局としては取り上げざるをえません。しかし迫川氏によれば、ネタがあまりに多すぎるので詳しい取材が追いつかず、とりあえず橋下氏のコメントを主体としたニュースを流す。気がつけば、三〇分のニュース番組に橋下氏が何度も登場する。そういうサイクルになりがちだそうです。つまり公共の電波で流れるニュース番組が、知らず知らずのうちに「橋下徹ショー」になっているわけです。

だからといって、メディアは橋下関連の報道をやめることができるでしょうか。彼の政治姿勢や政策が大阪市民や、ゆくゆくは日本国民に重大な影響を与えかねない以上、報道機関には報じる責任があります。しかし報じれば報じるほど、橋下氏の言葉は世の中に伝染して影響力を増し、だからこそさらに報じなくてはならなくなる。そういうジレンマと悪循環が生じているのです。

ついでに申し添えておくならば、取材者の立場からすれば、これは同時に「ネタに困っても大阪市役所に行きさえすれば、新しいニュースがある」という状況でもあります。ニュースを常に探し求めている者にとっては、これはある種の楽園です（僕もかつてテレビ・ニュースの現場をかじったことがあるので、実感としてそう思います）。つまり橋下氏は、報道機関にとって「おいしいネタ元」になりつつある。そうなれば記者たちも、できれば橋下氏と仲良くしていたいでしょう。彼に対し険悪になれば、最高の「情報ソース兼タレント」へのアクセスを失いかねないからです。彼に対して報道機関が厳しい批判を加えにくい背景には、ときおり見せしめのように行われる「記者の吊し上げ」の恐怖もあるでしょうが、そういう現場の心理も働いていると思うのです。

民主主義の価値を再定義する試み

さて、そろそろ紙幅も尽きてまいりましたので、最後に、橋下氏の批判勢力側の言葉の問題について触れたいと思います。

僕はこの数カ月、橋下氏を支持する人々と議論しながら、ある種の虚しさを感じ続けてきました。それは馬の耳に念仏を唱えているような、そういう空虚さです。自分の言葉が、驚くほどまったく相手に響かないのです。

しかし橋下氏の言葉の感染力とその原因について考察してみると、僕を含めた批判勢力が繰り出す言葉が、氏の支持者に対して「のれんに腕押し」状態であることにも、理由があるのだなという気がしています。

というのも、僕らが繰り出す言葉も、実はだいたい語彙が決まっているのです。

「民主主義への挑戦」「独裁」「ヒトラー」「マッカーシー」「戦前への回帰」「憲法違反」「思想良心の自由」「人権を守れ」「恐怖政治」「強権政治」などなど……。

こうした言葉は、それらを好んで発する人間にとっては、強い感情を喚起しうる強力な言葉です。これらの言葉を橋下氏やその支持者に投げかけるとき、僕らはまるで最強のミサイルを撃ち込むかのように、「どうだ、参ったか?」という気持ちで発するのです(『世界』を愛読する方の多くはそうではないでしょうか)。実際、たぶん一九七〇年代くらいまでは、例えば「思想良心の自由」という言葉は、まるで水戸黄門の印籠のように、それを発しさえすれば誰もが条件反射的にひれ伏してしまうような、強力な殺し文句でありえたのではないか(といっても僕は一九七〇年に生まれたので、実際のところはよく分かりませんが)。

しかし時代は変わり、橋下氏とその支持者に「思想良心の自由を守れ」とか「恐怖政治だ」などという言葉を浴びせても、彼らはびくともしません。「だから何?」という調子で、面白いくらいに効き目がありません。コミュニケーションが成立しないのです。そして、様々な世論調査で橋下氏の支持率が過半数である以上、かなり多くの日本人が、僕らが繰り出す「黄門様の印籠」には反応しなくなっていると推定できるでしょう。

おそらく彼らにとっては、これらの言葉はすでにリアリティを失い、賞味期限が切れてしまっているのです。したがって感情を動かしたりはしないのです。彼らは、例えば君が代の問題を語る際にも、「思想良心の自由を守れ」よりも、「公務員は上司の命令に従え」というフレーズの方に、よほど心を動かすのです。僕個人としては、極めて由々しき事態であると思います。

とはいえ、彼らを責めてばかりもいられません。

考えてみれば、実は僕らにも戦後民主主義的な殺し文句に感染し、むやみに頼りすぎ、何も考えずに唱和してきた側面があるのではないでしょうか。つまり橋下氏の支持者たちと、同型の怠慢をおかしてきた可能性はないでしょうか。そして橋下氏の支持者たちは、僕らが繰り出す言葉からそのような臭いを敏感に嗅《か》ぎ取っているからこそ、コミュニケーションを無意識に拒絶している。僕にはそんな気がしてなりません。

もちろん、民主主義的な価値そのものを捨て去る必要はありません。むしろある意味、形骸化してしまった民主主義的諸価値を丹念に点検し、ほころびをつくろい、栄養を与え、鍛え直していく必要があるのです。

そのためには、まず手始めに、紋切り型ではない、豊かでみずみずしい、新たな言葉を紡いでいかなくてはなりません。守るべき諸価値を、先人の言葉に頼らず、われわれの言葉で編み直していくのです。それは必然的に、「人権」や「民主主義」といった、この国ではしばらく当然視されてきた価値そのものを問い直し、再定義していく作業にもなるでしょう。

橋下氏や彼を支持する人々をコミュニケーションの場に引きずり出し、真に有益な言葉を交わし合うためには、おそらくそういう営みが必要不可欠なのだと思います。

第2章　安倍政権を支えているのは誰なのか?

日本国憲法に点る黄信号

日本国憲法を「みっともない憲法」だと呼び、改憲を悲願とする安倍晋三総裁率いる自由民主党が、昨年(二〇一二年)一二月の衆議院選挙で大勝しました。「少なくとも今の日本人が憲法を変えたら絶対にマズい」と考える僕のような人間にとっては、黄色信号が点《とも》ったような出来事です。それに加えて、石原慎太郎氏と橋下徹氏が率いる「日本維新の会」の存在があります。維新の会は、今年(二〇一三年)三月三〇日、二日後のエイプリルフールを先取りしたかと見まごうような、冗談のような「綱領」を発表しました。その「基本的な考え方」の第一番目に、次のような文章が掲げられています。

日本を孤立と軽蔑の対象に貶め、絶対平和という非現実的な共同幻想を押し付けた元凶である占領憲法を大幅に改正し、国家、民族を真の自立に導き、国家を蘇生させる。

まず、この文章は主語や目的語が不明瞭で、誰が誰に「占領憲法」を押し付けたのかが分からないので、言わんとしていることは正確には読解不能です。また、維新の会の人たちが、どういう状況を指して日本が「孤立と軽蔑の対象」に貶められていると認識しているのか見当もつきません。僕はアメリカに住み、自分の映画を持って世界中を旅していますが、少なくとも、日本国憲法を理由に恥ずかしい思いをしたり、孤立感を覚えたりしたことは一度もないからです。

いずれにせよ、維新の会が日本国憲法を「占領憲法」と位置づけ、憲法こそが、日本が孤立し軽蔑されていることの元凶だと考えていることは、間違いないでしょう。だからこそ、彼らは「大幅に改正」することを綱領の最初に掲げたのです。

のみならず、維新の会共同代表の橋下徹氏は、党大会で次のように発言し、参院選後に憲法改定では自民党などと手を組むことを示唆しました。

参院選は憲法改正で三分の二の議席を得られる可能性も出ている。憲法を変えていく勢力が三分の二を形成することも重要な参院選のテーマだ。

（『朝日新聞』デジタル版、二〇一三年三月三〇日付）

これは改憲を進めたい安倍自民党にとっては、願ってもない援軍です。「既得権打破」をスローガンに急進的な改革を訴えているはずの維新の会が、いつの間にか、自民党の補完勢力として機能している矛盾と欺瞞には失笑を禁じえませんが、とにかく自民党は維新の会という強い味方を得たのです。

「新しい日本」の中身

そのせいか、菅義偉《すがよしひで》官房長官は二〇一三年四月七日、福岡市内で講演し、夏の参院選のテーマにつ いて、より踏み込んだ内容の発言をしています。

新しい日本をつくるため、自分たちの手で憲法を改正する。まずは九六条から変えていきたい。参院選で争点になるだろう。

（共同通信配信、二〇一三年四月七日付）

新しい日本を作る。結構なことです。しかし、どういう「新しい日本」を作ろうとしているのか。それこそが真に重要な問題となります。そして私たちは、自民党がどのような「新しい日本」を作ろうとしているのか、かなり詳しく知ることができます。なぜなら同党は昨年（二〇一二年）四月、独自の憲法改定案を発表したからです。改憲案を読む限り、自民党が目指す「新しい日本」とは、次のように要約できるでしょう。

「国民の基本的人権が制限され、個人の自由のない、国家権力がやりたい放題できる、民主主義を捨てた全体主義の国」

われながら、穏やかな表現ではありません。しかし、自民党改憲案を詳しく読むと、実際にそうとしか言いようがないのです。その理由を簡単におさらいしていきましょう。

まず、自民党改憲案では、現行憲法から次のように条文が変えられています。

【現行憲法】　第一三条　すべて国民は、個人として尊重される。生命、自由及び幸福追求に対する国民の権利については、公共の福祉に反しない限り、立法その他の国政の上で、最大の尊重を必要とする。（傍点は引用者）

【自民党改憲案】　第一三条　全て国民は、人として尊重される。生命、自由及び幸福追求に対する国民の権利については、公益及び公の秩序に反しない限り、立法その他の国政の上で、最大限に尊重されなければならない。（傍点は引用者）

お気づきのように、現行憲法で人権を制限する概念として使われている「公共の福祉」を、自民党は「公益及び公の秩序」という言葉に置き換えています。

「〝公共の福祉〟も〝公益及び公の秩序〟も似たようなものじゃないか」と思う人も多いと思いますが、憲法学の通説では、これらは全く異なる概念として理解されています。

日本国憲法で「公共の福祉に反しない限り」というのは、一般に「他人の人権を侵さない限り」という意味であると解釈されています。「個人の人権を制限できるのは、別の個人の人権と衝突する場合のみ」という考え方で、これを「一元的内在制約説」と呼びます。個人の人権を最上位のものとして規定する日本国憲法の重要な特色です。

しかし、自民改憲案の「公益及び公の秩序」という表現は、それとは似て非なる概念です。

「公益及び公の秩序」、言い換えれば「国や社会の利益や秩序」が個人の人権よりも大切だということになります。そして、何が公益であり、どういう行為が公の秩序に反するのかという問題は、国によって恣意的に拡大解釈される恐れがあります。こういう発想は「一元的外在制約説」と呼ばれ、大日本帝国憲法の下における「法律の留保付きの人権保障」と変わらないとされます。

このように自民党が言葉を置き換えたのはもちろん、そうした学説上の議論を踏まえてのことです。その証拠に、自民党が改憲案とともに公表した「日本国憲法改正草案 Q＆A」には、次のような説明があります。確信犯なのです。

従来の「公共の福祉」という表現は、その意味が曖昧で、分かりにくいものです。そのため学説上は「公共の福祉は、人権相互の衝突の場合に限って、その権利行使を制約するものであって、個々の人権を超えた公益による直接的な権利制約を正当化するものではない」などという解釈が主張されています。今回の改正では、このように意味が曖昧である「公共の福祉」という文言を「公益及び公の秩序」と改正することにより、憲法によって保障される基本的人権の制約は、人権相互の衝突の場合に限られるものではないことを明らかにしたものです。

（一四ページ）

個人の人権よりも国や社会を上位に置く自民党の姿勢は、改憲案では終始一貫しています。現行憲法第二一条の変更点も見てみましょう。

【現行憲法】第二一条　集会、結社及び言論、出版その他一切の表現の自由は、これを保障する。

【自民党改憲案】第二一条　集会、結社及び言論、出版その他一切の表現の自由は、保障する。
2　前項の規定にかかわらず、公益及び公の秩序を害することを目的とした活動を行い、並びにそれを目的として結社をすることは、認められない。

重要なのは、第二項が付け加えられたことです。
同項により、日本政府は国民や報道機関の「言論の自由」を堂々と制限することができます。つまり、例えば僕がいまここに書いている論考が「公益及び公の秩序を害することを目的とした活動」に当たると判断されるならば、政府は僕の論考を「違法」とすることができます。そして、僕を逮捕・投獄し、本書を出版する岩波書店を非合法とすることもできます。少なくとも、それが可能な治安維持法のような法律を制定することは、合憲になるのです。

このように言論の自由を「留保」する条文の構造は、大日本帝国憲法にも見られます。

第二九條　日本臣民ハ法律ノ範圍内ニ於テ言論著作印行集會及結社ノ自由ヲ有ス（傍点は引用者）

言い換えれば、自民党の改憲案で国民が保障される「言論の自由」とは、戦前・戦中と同じ程度なのです。

実際、国民の人権を制限しようという自民党の意図は徹底したもので、現行憲法の次の条文を（同第一一条と重なるとして）丸ごと削除しています。

第九七条　この憲法が日本国民に保障する基本的人権は、人類の多年にわたる自由獲得の努力の成果であつて、これらの権利は、過去幾多の試錬に堪へ、現在及び将来の国民に対し、侵すことのできない永久の権利として信託されたものである。

以上の事実だけでも驚愕《きょうがく》するしかないのですが、しかし自民党の改憲案の本質は、さらにラディカルです。その急進的復古主義とでも呼ぶべき性質は、次のような改変に顕著です。

【現行憲法】第九九条　天皇又は摂政及び国務大臣、国会議員、裁判官その他の公務員は、この憲法を尊重し擁護する義務を負ふ。

【自民党改憲案】第一〇二条　全て国民は、この憲法を尊重しなければならない。
2　国会議員、国務大臣、裁判官その他の公務員は、この憲法を擁護する義務を負う。

憲法の縛る対象が、国家権力ではなく国民になっています。

近代的立憲主義では、憲法とは「個人の権利・自由を確保するために国家権力を制限する」（芦部信喜『憲法　第五版』岩波書店）ものであると位置づけられていますが、その理念を真っ向から否定しています。自民党改憲案が、しばしば「憲法としての体裁さえなしていない」と批判されている所以です。

この点については、僕自身、改憲案・起草委員会のメンバーである片山さつき参議院議員とツイッターでやりとりしました。その議論からは、彼女が「立憲主義とは何か」を全く理解していないか、理解しているけれども積極的に放棄したいか、いずれかであることが窺えます。

片山　国民が権利は天から付与される、義務は果たさなくていいと思ってしまうような天賦人権論をとるのは止めよう、というのが私たちの基本的考え方です。国があなたに何をしてくれるか、ではなくて国を維持するには自分に何ができるか、を皆が考えるような前文にしました！

想田（片山発言について）　こんな考えで憲法が作られたら戦前に逆戻りだってことに、本人も気づいてない。

片山（想田宛）　戦前?!　これは一九六一年のケネディ演説。日本国憲法改正議論で第三章、国民の権利及び義務を議論するとき、よく出てくる話ですよ。

想田（片山宛）　国のために国民が何をするべきかを憲法が定めるなら、徴兵制も玉砕も滅私奉公も全部合憲でしょう。違いますか？　また、ケネディの就任演説と憲法の前文を同レベルで論じることそのものが、驚愕です。憲法と演説は違います。つーか、そのケネディ演説ですら天賦人権説を採っているんですよw。あなたみたいな不勉強で国家主義的な政治家が出てくることを見越したから、第九七条が日本国憲法には盛り込まれたのでしょう。あなたがた自民党改憲チームが九七条を削除したのも頷けます。

片山（想田宛） 国家のありようを掲げ、国家権力がやっていいこと、統治機構などを、規定。私は芦部教授の直弟子ですよ。あなたの憲法論はどなたの受け売り？

想田（片山宛） だったら先生の本くらい読めばいいのに。

そして極めつきは、自民党案が新設した第九章「緊急事態」です。

第九章　緊急事態

（緊急事態の宣言）

第九八条　内閣総理大臣は、我が国に対する外部からの武力攻撃、内乱等による社会秩序の混乱、地震等による大規模な自然災害その他の法律で定める緊急事態において、特に必要があると認めるときは、法律の定めるところにより、閣議にかけて、緊急事態の宣言を発することができる。（以下略）

（緊急事態の宣言の効果）

第九九条　緊急事態の宣言が発せられたときは、法律の定めるところにより、内閣は法律と同一の効力を有する政令を制定することができるほか、内閣総理大臣は財政上必要な支出その他の処分を行い、地方自治体の長に対して必要な指示をすることができる。（以下略）
３　緊急事態の宣言が発せられた場合には、何人も、法律の定めるところにより、当該宣言に係る事態において国民の生命、身体及び財産を守るために行われる措置に関して発せられる国その他公の機関の指示に従わなければならない。（以下略）

この章が意味するのは、戦争や東日本大震災のような「緊急事態」の際には、内閣総理大臣が「憲法を超越して何でもできる」ということです。そう、首相は何でもできるのです。

法律と同じ効力を持つ「政令」は好き勝手に制定できますし、それに沿って政敵を牢獄に放り込んだり、処刑したりすることもできます。政府批判をする新聞社やテレビは閉鎖できますし、外国に宣戦布告だって自由にできます。徴兵を拒否する人も逮捕できます。これをナチスの全権委任法と同じだと指摘する専門家もいますが、決して大げさな言い方ではないでしょう。いずれにせよ、これが自民党が目指す「新しい日本」なのです。

政治家がやりたい放題できる「不可解」

さて、前置きが長くなりましたが、ここからが本題です。

ここまで読まれた読者の頭の中には、大きな疑問が浮かんでいるのではないでしょうか。これほどまでに悪辣《あくらつ》な憲法改定案が公になり、誰でもインターネットで読めるにもかかわらず、なぜマスコミは騒がないのだろうか、と。また、昨年（二〇一二年）一二月の衆議院選挙は改憲案の公表後に行われたにもかかわらず、なぜ日本の有権者は、自分たちの人権を骨抜きにしようという意思を持つ自民党を圧勝させてしまったのだろうか、と。

考えてみれば、不条理かつ不可解な話です。日本国民は、別に国家権力から銃剣を突き付けられることもなく、自ら進んで、民主主義を手放すことに同意するプロセスを歩んでいるように見えるからです。

実は僕は、これと相似形の違和感を、最近では憲法問題に限らず、様々な社会問題について頻繁に抱いています。例えば昨年二月、橋下徹大阪市長が市職員に対して「強制アンケート思想調査」を行った事件は、その典型的な例です。

僕がアンケート調査のことを最初に知ったのは、新聞報道でした。それらの報道の大半は、「大阪市長に就任した橋下氏が、腐った労働組合の膿《うみ》を出すために奮闘している」という主旨の切り口で、市長の行動に対して好意的でした。

しかし、僕はインターネット上に出回ったアンケート調査の原文をたまたま目にして、衝撃を受けました。橋下市長の業務命令として回答を義務づけた調査には、「これまでに組合活動に参加したことがあるか」「誘った人は誰か。誘われた場所や時間は」「政治家の街頭演説を聞きにいったことがあるか」など、職員の思想信条に立ち入りかねない質問が含まれています。それは、一見して労働者の団結権を侵害する不当労働行為であり、それこそ日本国憲法に違反していることは明らかでした。

のみならず、橋下氏は「「誘った人」の氏名は、回答いただかなくても構いません。末尾に記載した通報窓口に無記名で情報提供していただくことも可能です」などと密告を奨励しています。その記述はすぐさま、アメリカのマッカーシー上院議員らが冷戦期に行った、赤狩りを連想させました。

だから、僕は即座にこう思ったほどです。

「こんな文書が公になったからには、各所から非難が集中し、国民からは恐れられ、橋下市長の政治生命は終わりだろう」

ところが、僕の予想は見事に外れました。各地の弁護士会や組合などが直ちに非難の声を上げ、アンケート調査は破棄されましたが、マスコミなどもほとんど問題にしなかったのです。

結果的には、橋下市長は政治生命を絶たれるどころか、ほとんど政治的ダメージを受けませんでした。そして、その後「日本維新の会」を結党し、昨年の選挙では比例で民主を上回る一二二六万票を獲得し、選挙区と合わせて合計五四人もの衆議院議員を当選させるに至ったのです。

似たような違和感は、TPP（環太平洋戦略的経済連携協定）を巡る問題でも強く感じました。

まず、TPPに参加しすべての関税が撤廃されると、政府の試算で日本の農林水産物の生産力は約四割減じるそうです。北海道の農家の七割は廃業に追い込まれ、沖縄のサトウキビや乳製品やコメは全滅するとの試算も、それぞれ道や県から出ています。

つまり単純に考えて、それだけの農林水産業従事者が一挙に失業すると考えてよいでしょう。

また、今ある田畑の四割が荒廃することも避けられないでしょう。その引き換えに、日本のGD

P(国内総生産)は〇・六六%増加するそうです。それは日本にとって、あまりにも割に合わない話ではないでしょうか。

TPPによる不利益は、それだけではありません。TPPにはISD条項(投資家対国家の紛争解決条項)が含まれ、日本の国家主権さえ脅かされる可能性があります。詳細は紙幅の関係で割愛しますが、要するに、私たちはTPPによって、自分たちで自分たちのルールを定める「自決権」を剝奪され、日本の国内法は海外の企業や投資家の都合のいいように定められかねない。にもかかわらず、TPP草案の内容は秘密で、日本政府すら閲覧を許されていません。なのに、一旦交渉に参加したら、事実上、途中で抜けることは不可能だという見方が支配的です。

しかも、先の衆院選で当選した自民党議員二九五人(選挙後復党した鳩山邦夫議員を含む)のうち、二〇五人は「TPP交渉参加反対」を公約として掲げていました。TPPへの反対姿勢を理由に投票した有権者にしてみれば、ブレーキを踏んだらアクセルだったという状況です。

このように、TPPを巡る不条理を挙げていけばキリがないわけですが、こうした情報は、インターネットや新聞やテレビの報道を見れば、誰でも仕入れることができます。だからTPPに反対、少なくとも慎重になる人が、日本人の大半を占めてもよさそうなものです。

ところが、報道機関各社の世論調査によれば、安倍首相が二〇一三年三月にTPP交渉参加を表明した際に、それを評価する人は軒並み半数を超えました。政権を揺さぶるような大規模な反対運動も起きていません。それどころか、安倍政権の支持率は高いままです。日本人は総じて、TPP交渉参加を受け入れていると理解せざるをえないのです。

推理の糸口となる「事件」

このような一連の不可解な現象を、いったいどう解釈すればよいのでしょうか。僕は頭を抱えてしまいました。日本人は、自分たちにとって極めて不利なはずの政策のあれこれを、微笑みながら丸呑みしようとしている。この不条理を理解しようと試みるのは無駄ではないかと、一時は匙《さじ》を投げてしまいそうになったほどです。

ところがそんなとき、僕はひとつのちょっとした「事件」に目を留めました。二〇一三年三月二四日の参議院予算委員会で、民主党の小西洋之議員と安倍首相が行った、一連のやり取りです。

小西議員　安倍総理、芦部信喜という憲法学者を御存知ですか？

安倍首相　私は存じあげておりません。

小西議員　では高橋和之さん。あるいは佐藤幸治さんという憲法学者は御存知ですか？

安倍首相　まあ申し上げます。私は余り憲法学の権威ではございませんので、学生であった事もございませんので存じ上げておりません。

小西議員　憲法学を勉強されない方が憲法改正を唱えるというのは私には信じられない事なんですけれども。今、私が挙げた三人は憲法を学ぶ学生だったら誰でも知ってる日本の戦後の憲法の通説的な学者です。

このやりとりは小さなニュースになったので、皆さんもご存じかもしれません。首相が「クイズのような質問は生産的ではない」などと逆襲したことに乗じて、むしろ小西議員を皮肉る論調の新聞報道もみられました。

しかし、小西議員が行った質問は、単なる雑学的知識の有無を試す「クイズ」ではありません。小西議員が述べているように、芦部信喜という憲法学者は、日本国憲法の通説的解釈を形作る上で極めて重要な仕事をした学者で、憲法学界の大家です。日本映画の世界でいえば、黒澤明や小津安二郎に当たると言えば、分かり易いでしょうか。憲法について論じる際には非常に頻繁に言及される人なので（先ほどみたように、片山さつき氏が自分のお師匠だと自慢するくらいの人です）、専門家でない僕ですら名前くらいは知っています。

事実、「公共の福祉」という言葉を、先にみたように「人権相互の矛盾・衝突を調整するための実質的公平の原理」であると提唱したのは、芦部氏の師匠である宮沢俊義氏ですし、それを「一元的内在制約説」と名付けたのは当の芦部氏です。「公共の福祉」という概念について勉強したり、ましてやその言葉を大胆にも「公益及び公の秩序」と書き換えようと企てるならば、絶対に避けては通れない、どうしても出くわしてしまう名前なのです。

ところが、憲法を変えることを政治家としてのライフワークとしているはずの安倍氏が、芦部氏の存在を知らなかった。

安倍氏は、自民党改憲案を出した「憲法改正推進本部」にも最高顧問として名を連ねています。自民党による改憲へ向けた動きの、最高責任者と言っても過言ではないでしょう。

小西議員とのやりとりは、そういう責任ある立場の安倍氏が、憲法学の基本を勉強せずに改憲論を振りかざし、一連の悪辣な書き換えを企てていることを白日の下に晒してしまった「事件」として、驚きとともに記憶されるべきなのです。

しかし、日本社会はまたしても、政治家の重大な失態に対して寛容でした。

安倍氏を批判する声もありましたが、マスコミも騒ぎませんし、安倍氏の首相としての資質を問う声は決して大きくなりません。それどころか、「炎上」したのはもっぱら小西議員のブログの方で、「税金と酸素の無駄だからこの場で死ね」「国会議員やめて下さい。貴方が落選するよう工作します」などの否定的なコメントが二〇〇〇件以上も寄せられました。安倍氏の無知を問題視した僕のツイッター上での発言にも数多くの批判が寄せられ、正直うんざりしたものです。

とはいえ、僕に寄せられたツイートを眺めるうちに、安倍氏を擁護する言説に、ひとつの気になる傾向があることに気づきました。そしてその傾向には、僕が最近頭を抱えている難問についての考えるための、重要な糸口があるような気がしてならないのです。僕の目をひいた「安倍擁護の論法」とは、例えば次のようなものです。

「でも芦部信喜とかどうでもいいよね」

「あなたもそんな憲法改正に強硬に反対しているということは少なくとも憲法学の知識は大丈夫なんですよね？」

「どうでもいいです。しつこい。私もそんな人知らんわw　知らない事を「恥ずかしいね」

って罵倒される可能性はだれにでもあるものです」

「まず貴方と総理では覚えなければならない知識量が膨大な差に登る《（ママ）》と思うんだけどちがうのかな？」

「安部《（ママ）》総理が過去から現在までのあらゆる憲法学について網羅していなければならないのか疑問です」

これらの擁護論に共通する特徴は、内閣総理大臣という日本の最高権力者に対して要求する資質の、異様なまでのハードルの低さです。

支持している人に対しては、どうしても評価が甘くなるのは人間の性《さが》ですが、それでも「貴方と総理では覚えなければならない知識量が膨大な差に登る」などと僕と首相を比較するのはナンセンスですし、「私もそんな人知らんわ」などと、自分が芦部氏を知らないからといって首相を擁護する論法も、実に奇妙です。首相の知識レベルや見識は、まるで「私たち庶民と同じでよい」と言わんばかりだからです。

しかし当然ですが、首相という役職に就く人は、日本で最も強力な政治権力を託される以上、並の資質では務まりません。ＴＰＰの例が示すように、首相が重要な問題で誤った決断を下した場合、その子々孫々にまでわたる破壊的影響の大きさは計り知れないからです。逆に、首相の行動ひとつで、日本社会全体が莫大な恩恵を被る可能性も秘めています。

したがって、首相は理想的には日本人の誰よりも知識が豊富で、倫理や見識やコミュニケーション能力が高く、判断力に優れ、かつ立場の弱い人にも日配りのできる、一種のスーパーマン（スーパーウーマン）でなくてはなりません。いや、選挙を通じた民主主義というシステムは、日本列島に生息している一億人の中から、私たちの社会の舵取りを託せる「超人」を選び出すための装置だといっても過言ではないでしょう（その「超人」の行動ですら、私たちは絶えず見張っておく必要があります）。

「首相は庶民と同じ凡人でよい」というイデオロギー

ところが、今回の安倍擁護論から垣間見えるのは、それとは真逆の信念です。つまり、「首相（や政治家）は私たち庶民と同じ凡人でよい」というイデオロギーです。それを「イデオロギー」と呼ぶことに、僕はいま一瞬ためらいを覚えましたが、考えれば考えるほど、それはイデオロギーと呼ぶ以外にない、一種の思想傾向に思えるのです。

さて、この辺りから僕の推論は危険な領域に入ります。

敗戦後、日本国憲法は、私たち日本人に「法の下の平等」の価値を浸透させました。すべて国民は「人種、信条、性別、社会的身分又は門地により、政治的、経済的又は社会的関係において、差別されない」ことが憲法第一四条で規定され、貴族制度は廃止されました。第二四条では「家族生活における個人の尊厳と両性の本質的平等」が規定されましたし、第二六条では「教育の機会均等」が定められました。なぜなら、「人はみな平等」という考え方抜きに、人権という概念も成立しえませんし、したがって民主主義もありえないからです。

僕は、日本国憲法のこのような価値観を肯定する人間です。のみならず、その恩恵を最大限享受しながら、ここまで生きてきた人間です。僕は庶民的な家庭に育ちましたから、法の下の平等という観念がない世の中でしたら、そもそも学校に通うことを許されていたかどうか分かりませんし、したがって、映画を作ったり、こうして文章を発表したりという仕事をしていたかどうかも分かりません。それならそれで別の人生を楽しく生きていたのかもしれませんが、少なくとも僕が望んだ道を歩んでこられたのは、「平等」という観念と、それに基礎づけられた民主主義のお陰だと思っています。

にもかかわらず、僕はここにひとつの危険性を認めざるをえません。「人はみな平等」という考えと、「首相（や政治家）は私たち庶民と同じ凡人でよい」という考えの間にある垣根は思いのほか低く、勘違いして同一視することは極めて容易だからです。そして、日本人の多くはもしかするとこの垣根を取り払ってしまったのではないかという疑念が、僕の頭から去らないのです。そしてそれは、極めて歪んだ形ではあるにせよ、まさに日本国憲法がもたらした「民主主義の成果」であるかもしれないのです。

この疑いは、かなり恐ろしいものです。

もし僕の推論が正しいとするならば、日本の民主主義は、いわゆる「衆愚政治」と呼ばれる状態になりかけている可能性が高いからです。もしそれが、オルテガが一九三〇年に『大衆の反逆』で論じた「大衆社会」の末期的様相であるならば、その根は相当に深いだけに、一朝一夕に手当てをできるような問題ではありません。

民主主義とは本来、自立した個人の存在を前提とします。民衆に主権があるということは、端的には「民衆こそが責任主体であり、決定権がある」ということを意味します。

そのためには、民衆の一人ひとりが、少なくとも政治家の仕事の基本的な良し悪しを判別できる程度には、情報を集め、分析し、政策を理解し、選択できる能力を維持していなければなりません。そして、そのための時間を割かなくてはなりません。民主主義の健全性を維持していくためには、私たち一人ひとりが死ぬまで勉強を続けなくてはなりませんし、絶えず責任の重みを感じ続けなくてはならないのです。それは民主主義の世の中に生きる人間の宿命であり、民主主義から受ける恩恵の代償ともいえます。

しかし、「私が知らない芦部信喜を首相が知らないことは、別に非難するには及ばない」とするようなロジックからは、そのような覚悟や責任感は微塵も感じられません。むしろ、「自分が知らないようなことは、知る価値がない」と決定しておくことによって、自らを磨いていく道を閉ざしているように思えます。

なぜそのような決定をするのか？　答えはひとつしか考えられません。その方が、「楽」だからです。

けれども、そこにはひとつの重大な問題があります。楽な道に自分だけが安住していると、そうでない人との差がどんどん開いていかざるをえません。当然です。しかし、同時にそれは、容認できない事実でもあります。「私」は、政治家や首相も含めたみんなと「平等」であるべきだからです。自分だけが「無知」では困るのです。

では、どうしたらいいのか？

楽な道に安住したまま、なおかつ政治家を含めた「みんな」と差がつかないようにするには、「みんな」のレベルを引き下げることが合理的な方策です。

その方針から必然的に導き出される思想傾向とは何か。

「首相（や政治家）は私たち庶民と同じ凡人でよい（それが民主主義だ）」というイデオロギーです。もっと身も蓋《ふた》もない言い方をするならば、「みんなで無知でいようぜ、楽だから」というメッセージです。つまり彼らにとって、政治家のレベルが低いことは好ましいことであり、むしろそのことを、無意識のレベルで熱望しているのです。

そう望む人が、改憲を進める安倍氏が憲法学を勉強していない事実に接しても、交代させようとしないのは当然です。

幼稚な維新の会が先の衆議院選で五四議席も獲得するのを眺めて、「庶民の味方が増えた」と喜ばしく感じても不思議ではありません。絶え間ない勉強と精進を放棄した人々が、ＴＰＰで被る自らの不利益を吟味することなく安易に賛成してしまうことにも頷けますし、ネット上に公開されている自民党の改憲案を読むことさえ面倒がるのも自然の道理です。

もっと言うと、エーリッヒ・フロムが『自由からの逃走』のなかで指摘したように、彼らは日本国憲法の下で「自由」な存在でいることの圧力に耐えかね、無意識ではあるにせよ、そこから逃走しようとしているのかもしれません。そう考えると、私たちを不自由にする自民党改憲案は、むしろ彼らにとって望ましい「自主憲法」であるとも考えられるのです。

民主主義に「実」を入れる

結論を先に定めず、思うままに筆を運んでいたら、とんでもないところにきてしまいました。もしかしたら、日本人は民主主義を捨てたがっているのではないか。そのような疑念が、僕の頭を支配しています。少なくとも、自民党議員やその支持者の中には、捨てたがっている人が一定数いることは間違いないようです。

しかし、です。そうは望んでいない人たちが、日本社会の中に大勢いることを僕は知っています。もちろん僕もその一人ですし、読者の皆さんの大半も、たぶんそうではないでしょうか。

敗戦直後、日本国憲法という一種の「型」として与えられた民主主義は、問題はあるにせよ、いままである程度、有効に機能してきました。日本人は良くも悪くも型から入るのが得意ですから、いままではそれで良かったのかもしれません。

しかしそれは型なので、下手をすると「外見はよく似ているけれども全く本質の異なる型」に簡単にすり替えられてしまいます。自民党の改憲案などは、まさにその典型でしょう。

そうしたすり替えを防ぐためには、どうしてもそこに「実」を与えていくことが必要です。そのためには、水か空気のごとく私たちが享受している「人権」や「言論の自由」がそもそも何のためにあり、「国」や「憲法」とは何なのか、改めて問い直す作業が必要なのかもしれません。そうすることで初めて、偽物の正体を見破ることができるようになるのではないでしょうか。

今ほど、私たちの「民主主義」が本当の意味で試されている時期はないように思います。

第3章 「熱狂なきファシズム」にどう抵抗するか

ノーマークだった自民党の圧勝

正直に告白すると、僕は二〇一二年の秋くらいまで、橋下徹氏と「維新の会」に対する危機感ばかりが募っていて、自民党についてはほぼ「ノーマーク」でした。

というのも、先述したように自民党改憲案の内容があまりに酷いので、日本の主権者が彼らを再び権力の座につかせる選択をしようとは、思いもよらなかったからです。

事実、僕は安倍晋三氏が一二年九月の自民党総裁選に出馬するというニュースに接したとき、あまりの荒唐無稽さに笑ってしまいました。日本人の大半はお忘れかもしれませんが、安倍氏にはかつて総理大臣を務め、突然、自らその職を放り出したという「前科」があります。任期中にもこれといった成果をあげることができず、「消えた年金問題」を始めとするスキャンダルと非難の嵐の中で、逃げるようにして首相を辞めていったのです（そういえば、「消えた年金問題」っていったいどこに消えてしまったのでしょうか）。

そういう、いわば最低の「履歴書」を持つ安倍氏が、再び自民党の総裁選に立候補する。自民党の人材難もここに極まれり、と思ったものです。ましてやその彼が総裁選で当選したときには、

「自民党には全くやる気がないのだなあ」と、かつての大政党の凋落ぶりに、この世の無常をしみじみと感じていたほどなのです。

だから、一二年の衆院選が近づく中で、「自民党が圧勝するだろう」という予測を新聞各紙で目にしたときには、恥ずかしながら、心の底から驚きました。たしかに民主党政権は酷かったけれど、だからといって、全体主義を白昼堂々と目指している上に、安倍氏を総裁とする自民党が（僅差ではなく）圧勝するかもしれないとは、全く考えてもみなかったのです。

しかし現実には、自民党は下馬評通り、二九四もの議席を獲得し、政権を奪回しました。安倍氏は首相に返り咲きました。それどころか、約半年後に行われた参議院選挙でも同じように圧勝し、衆参両院をコントロールするに至っています。

しかも、いずれの選挙も歴史的な低投票率です。客観的に見て民主主義の存続そのものが危機に晒されているにもかかわらず、半分近くの主権者が、審判に参加することすら拒んだのです。

「熱狂なきファシズム」の進行

その様子を眺めながら僕の脳裏に浮かんだのは、「熱狂なきファシズム」という言葉です。

ファシズムといえば、「カリスマ的指導者に煽動された大衆が熱狂的に進行させるもの」というイメージが根強いのではないでしょうか。橋下徹氏の台頭は、まさにそのイメージ通りの成り行きだったので、「ハシズム」という言葉が流行したりして、日本人もそれなりに警戒心を持って眺めてきたように思います。

しかし、自民党政権の樹立によってなんとなく進行するファシズムに、一部のネット右翼は別として、熱狂はありません。なにしろ、半分近くの主権者が投票を棄権しているのです。人々は、無関心なまま、しらけムードの中で、おそらくはそうとは知らずに、ずるずるとファシズムの台頭に手を貸し参加していく。低温火傷のように、知らぬ間に皮膚がじわじわと焼けていく。

ましてや、政権を握った自民党は、かつて日本を長らく支配していた老舗《しにせ》政党です。日本人の多くは、「民主党政権以前に戻した」くらいのつもりなのでしょう。したがって危機感の温度も低く、進行しているのがファシズムであると気づく人すらごく少数です。危険を察知するセンサーが作動せず、警報音が鳴らないのです。

麻生発言が露呈したもの

恐るべきことに、たぶん安倍自民党は、こうなることを意識的に狙っている。そのことに気づかされたのは、麻生太郎副総理が一三年七月二九日のシンポジウムで発した、あの発言のお陰です。

今回の憲法の話も、私どもは狂騒の中、わーっとなったときの中でやってほしくない。(略)静かにやろうやと。憲法は、ある日気づいたら、ワイマール憲法が変わって、ナチス憲法に変わっていたんですよ。誰も気づかないで変わった。あの手口学んだらどうかね。わーわー騒がないで。

（『朝日新聞』デジタル版、二〇一三年八月一日付）

この発言はもっぱら「失言」として扱われ、「政治家の言葉が軽くなった」などと総括されたりしていますが、僕はむしろ彼らの「本音」が表出した事件だととらえています。

事実、安倍政権と自民党は麻生氏の言う通りのことを、着実に実行しつつあります。その最も端的な例は、「戦争の放棄」を謳った日本国憲法第九条の解釈改憲の問題です。

安倍内閣は内閣法制局の山本庸幸《やまもとつねゆき》長官を退任させ、後任に小松一郎駐仏大使をあてました。内閣法制局長官には同局の次長が昇格するのが慣例なので、法制局の経験がない外務省出身の小松氏を選んだのは極めて異例の人事です。

その狙いは、あまりにも明白です。

内閣法制局は「法の番人」とも呼ばれ、日本政府の憲法解釈を統一的にまとめる役割を担っています。憲法第九条に関して、法制局はこれまで一貫して、日本政府が集団的自衛権を行使するのは憲法違反だとしてきました。

ところが、この度内閣法制局長官に抜擢された小松一郎氏は、「日本国憲法のもとでも集団的自衛権を行使できる」というのが持論だといいます。もし、小松氏率いる内閣法制局がこれまで唱え続けてきた憲法解釈をあっさりと否定し、集団的自衛権の行使を認めてしまったらどうなるか。

権力者に対する日本国民からの命令である日本国憲法は、正式に書き換えられることなく、いや、国民的議論さえも経ることなく、安倍内閣による人事ひとつで事実上「改憲」されてしまうことになります。静かに、誰にも騒がれないままに。

内閣法制局長官の人事は、麻生氏が認識するところの「ナチスの手口」そのものではないでしょうか。

このような「国民やマスコミや近隣諸国に騒がれないうちに、コソコソと密やかになし崩し的に重要なことを決めてしまおう」という安倍政権の姑息な戦略は、困ったことに一貫しています。原発推進しかり。ＴＰＰ推進しかり。特定秘密保護法案しかり。憲法第九六条の先行改定しかり。

いずれの政治課題も、日本人の生活や民主主義を破滅させうる重大問題ですが、一三年の参院選でも、正面から議論されることはほとんどありませんでした。少なくとも、政権与党側からこれらの問題について積極的にアピールし、主権者を説得しようという姿勢は全く見られませんでした。

代わりに、安倍自民党は「衆参のねじれ」やら「アベノミクス」とやらを前面に「争点」として押し出し、それにつられて、あるいは共犯的に、一部を除いたマスコミもそればかりを論じる。それにつられて、一部を除いた主権者もそればかりを気にする。あるいは何も気にしない。騒がない。投票にも行かない。半分近くの主権者が棄権する。

その特徴を要約するならば、「真に重要な問題が議論の俎上に載せられぬまま選挙が行われ、大量の主権者が棄権するなか、なんとなく結果が決まってしまう」というものです。言い換えれば、選挙が「私たちの社会はどういう方向に進むべきか、重要な課題を掲げ、意見を摺り合わせ、決定するための機会」として全く機能していない。それでも勝負の結果だけは出るのです。

そして結果が出た以上、選挙戦でスルーされた重要課題も、あたかも議論され決着がついた事項であるかのように、勝者によって粛々と実行されていきます。よって、誰も気づかないうちに、すべてが為政者の望む通りに何となく決まっていく。

「熱狂なきファシズム」とはこのことです。

恐ろしい想像ですが、たぶんこれは偶然そうなったわけではない。繰り返しになりますが、安倍首相とその取り巻きたちは、おそらくこうなることを明確に狙い、戦略を立て、粛々と実行してきたのだと思います。麻生発言は「失言」などではなく、安倍自民党の本音であり戦略なのです。

とはいえ、もし主権者である私たちがそのような手法を見抜き、問題にし、本気で拒むならば、熱狂なきファシズムも進みようがありません。銃剣や戦車で脅されるわけでもなく、民主主義体制の中でファシズムが進行するには、私たち主権者による有形無形の協力が必要だからです。それがたとえ「投票に行かない」「政治に関心を持たない」という消極的な「協力」であってもです。

では、私たちがファシズムの進行に、「何もしない」ことで加担している背景には、いったい何があるのでしょうか。

大阪での出来事

この問題を考え続けていたときに、気になる「事件」に出くわしました。大阪で行われた拙作『選挙2』(観察映画第五弾、二〇一三年)のトークショーに登壇したときの出来事です。

法学者の谷口真由美さん、劇作家・演出家のわかぎゑふさんと僕の三人でトークした後、会場にいた若い男性から、僕の意識に奇妙に引っかかる発言がありました。

いわく、「政治は分かりにくいからハードルが高い。もっとハードルを下げてもらわないと、関心を持ちにくい」というのです。

一見、ごもっともな発言です。むしろよく耳にするありふれた台詞でもあります。

しかし、何かが変です。

彼の発言は、喉にかかった魚の骨のごとく、僕の意識に突き刺さりました。僕はすぐにその骨を飲み込むことも、骨の正体を言い当てることもできずに、しばらく悶々としていました。

ところが、イベントの打ち上げでビールを飲みながら、ふと思い至ったのです。

男性の発言は、政治家に対してのみならず、政治を論じている僕たち登壇者に対する「苦情」だったのではないか。そして、そういう苦情を僕たちが受けることに、僕は違和感を覚えていたのではないか。

なぜなら、僕ら登壇者も発言した男性も、「主権者」という意味では同じ立場なのであり、僕らが政治を分かりやすく語っていないと思うなら、彼がその役割を果たそうとしてもよいはずだからです。少なくとも、自分で「分かろう」と努力してもよいはずでしょう。

にもかかわらず、男性は僕らに政治を分かりやすく語ることを「要求」している。少なくとも、「当然、要求してよいはずだ」という確信を抱いているようにみえる。なおかつ、「自分にはそれは要求されない」とも信じているようにみえる。

そう思い至った瞬間、僕は直観しました。

「そうか、あれは消費者の態度だ」

自らを政治サービスの消費者であるとイメージしている彼は、政治について理解しようと努力する責任が自分自身にもあろうとは、思いもよらなかったのではないか。

同時に、僕は思い至りました。

「もしかして彼のような認識と態度は、日本人に広く蔓延しているのではないか」

「消費者民主主義」という病

政治家は政治サービスの提供者で、主権者は投票と税金を対価にしたその消費者であると、政治家も主権者もイメージしている。そういう「消費者民主主義」とでも呼ぶべき病が、日本の民主主義を蝕《むしば》みつつあるのではないか。

だとすると、「投票に行かない」「政治に関心を持たない」という消極的な「協力」によって、熱狂なきファシズムが静かに進行していく道理もつかめます。

なぜなら、主権者が自らを政治サービスの消費者としてイメージすると、政治の主体であることをやめ、受け身になります。そして、「不完全なものは買わぬ」という態度になります。それが「賢い消費者」による「あるべき消費行動」だからです。最近の選挙での低投票率は、「買いたい商品＝候補者がないから投票しないのは当然」という態度だし、政治に無関心を決め込んでいるのは、「賢い消費者は、消費する価値のないつまらぬ分野に関心を払ったり時間を割いてはならない」という決意と努力の結果なのではないかと思うのです。

そう考えると、投票に行かない人がテレビの街頭インタビューなどで、「政治？ 関心ないね。投票なんて行くわけないじゃん」などと妙に勝ち誇ったように言うのも頷けます。あれは、自らが「頭の良い消費者」であることを世間にアピールしているのです。

内田樹氏は『下流志向』(講談社)などで、教育現場の崩壊の根本的な原因が、子どもたちが自らを消費主体として立ち上げてしまうことにあると論じていますが、それと相似形のことが、政治の現場でも起きていると考えられるのです。

消費モデルで政治をとらえることの錯誤

しかしここには、重大な問題があります。

教育を消費モデルで観念することが誤りであるように、主権者を消費者として観念することは、極めて深刻な思い違いだからです。

民主主義は、国王に主権(＝吟味し、判断し、決断し、責任を取る権限)があったのを、民衆一人ひとりに主権を移すことで始まりました。つまり民主主義では、民衆＝主権者とは国王の代わりに政治を行う主体です。政治サービスの消費者ではありません。消費者には責任は伴いませんが、主権者には責任が伴うのです。

この点が、消費者と主権者では決定的に異なります。

ところが、おそらく消費資本主義的価値観が社会に根付く中、誤解がゆっくりと定着しました。政治家も主権者も、消費モデルで政治をイメージするようになってしまったのです。だからこそ、政治家は主権者を「国民の皆様」などと慇懃無礼《いんぎんぶれい》に呼び、お客様扱いします。同時に、軽蔑もしています。主権者のことを、単なる受け身の、自分では何もできない、消費者だと思っているからです。

ゆえに政治家たちは、自分の政治サービスを買ってもらうため、売れそうな刺激的な商品を分かり易く並べようとします。「アベノミクス」だの「大阪都構想」だのといった誇大広告も辞しません。首相をコロコロ変えたりするのも、「頻繁にモデルチェンジすれば売れるのではないか」というのと同じ発想です。政治家の政策がマーケティングめいているのも当然なのです。

一方の消費者化した主権者も、政治家が提示する政策や問題を自分の力で吟味しようとはしません。勉強もしません。それは「売る側の責任」だと思っているからです。したがって政治家が繰り出すキャッチコピーの嘘を見抜くことなど、到底不可能なのです。

最近「おまかせ民主主義」という言葉が定着してきました。その正体は、ずばり「消費者民主主義」なのだと思います。消費者はサービスを消費するだけ。つまりおまかせ。不具合があれば文句を言うだけ。何も生み出さない。税金と票という対価を払う以外、貢献しない。いや、気に入らなければ票さえ投じない。

民主主義の原点は、「みんなのことは、みんなで議論し主張や利害をすりあわせ、みんなで決めて責任を持とう」であったはずです。しかし主権者が消費者化してしまうと、そんな発想からは遠くなります。消費者の態度は、「お客様を煩わさないで。面倒だから誰かが決めてよ、気にいったら買ってやるから」になります。

そして、そのような受け身の主権者が、誰にも騒がれずにファシズムを進めようとしている為政者の狡猾な行動を食い止められる道理はないのです。

文明の病

ところが、このようなことをツイッターでつぶやいたら、「私たちはもっと賢い消費者にならないといけないですね」という返信がありました。心底、ガックリきました。あまりに消費主義的発想にどっぷり浸かってしまって、自らの存在をもはや「消費者」としかイメージできない人たちがいるのです。

実は、このような「文明の病」は相当に深刻なもので、僕が身を置く映画の世界でも似たような現象が起きています。映画の観客が「鑑賞者」ではなく、「消費者」と化してきているのです。のみならず、作り手も何でも懇切丁寧に説明し、悲しい場面に悲しい音楽を流し、楽しい場面には明るい音楽を流す。つまり作り手が離乳食のように映像を噛み砕き、スプーンでその「離乳食映像」を観客の口に運んであげ、観客は噛むこともなく飲み込むような映画が主流になっているのです。しかし、この状況は映画文化にとって悲劇的です。

作り手と鑑賞者は対等な関係であり、ある種の「勝負」をする場が映画館だと僕は考えています。作り手がピッチャーなら、観客はキャッチャーとして受け取るのではなく、バッターとして打ち返してほしい。だからこそ、僕のドキュメンタリー映画（観察映画）では、ナレーションや説明テロップを省き、ＢＧＭも使いません。観る人に、映画の中で起きていることを能動的に自分の目と耳で観察し、感じ、解釈して欲しいのです。

千里の道も一歩から

話が逸れました。

では、この圧倒的な消費者民主主義的な風潮に抗《あらが》い、熱狂なきファシズムに抵抗するためには、私たちはどうしたらよいのでしょうか。

極めて直接的な対処法といえば、麻生氏が嫌うことを精一杯行うことでしょう。つまり、黙っていないで「わーわー騒ぐ」のです。

しかし、もしその一方で僕の推論通り消費者意識が民主主義の空洞化を招いているのだとしたら、それはとても根深い問題です。恐らくそれはいまやグローバル化の流れに乗って、日本のみならず世界中を蝕みつつある生活習慣病のようなものであり、いわゆる特効薬のようなものはないと思います。すでに民主主義の生命を脅かすほど病状は進展しており、もしかしたら手遅れかもしれません。

けれども、昔のことわざが教えるように、千里の道も一歩から、です。一人ひとりがやれることも残されているはずです。

生活習慣病への対策といえば、毎日の生活習慣そのものを見直し、体質を改善することが重要だと言われます。三度三度の食事の内容を変えたり、散歩するようにしたり、十分な睡眠時間を確保したりと、地道な努力が欠かせません。民主主義の「体質改善」をするためにも、そのような根本的な対処が必要なのではないでしょうか。

いずれにせよ、まずは私たちが消費者的病理に陥っていることを認識し、一人ひとりが民主主義を作り上げていく、あるいは守っていく主体になる覚悟を決めることが、長い闘いの第一歩になるでしょう。逆に言うと、たぶんその一歩からしか、私たちは前に進むことができないように思うのです。

そして、月並みに聞こえるかもしれませんが、日々の生活の中で、自分にできることをコツコツとやっていくしかないのだと思います。

興味深いことに、そういう気持ちで日々の生活を送っていると、日常生活でも思いのほか、「民主主義を主体的に守れるかどうか」を試されるような局面に出会うことに気づかされます。なぜなら、民主主義という政治システムは、単なる理念や理想ではなく、私たちのライフスタイルに深く入り込み、生活を規定し、可能にさせている、極めて実際的なものだからです。

僕自身、最近二度も、個人的にそのことを痛感するような出来事に遭遇しました。

自民党議員による撮影拒否と脅し

その一つは、『選挙2』という映画を作って公開する過程で起きました。

本作は、二〇一一年四月、原発事故直後に行われた統一地方選挙を描いたドキュメンタリー映画です。前作『選挙』(二〇〇七年)で描いた川崎市議会議員選挙で自民党公認候補だった「山さん」こと山内和彦氏が、今度は完全無所属で「脱原発」を訴え、川崎市議選に再出馬したのです。『選挙2』撮影時、僕は山さん以外にも、公道で選挙運動を展開するさまざまな候補者にカメラを向けました。そんな中、駅前で選挙運動をしている自民党候補者を見かけました。『選挙』にも出ている、顔見知りの現職の浅野文直市議です。他の候補者を撮るときと同様、僕は彼の選挙運動を黙々と、しかし至近距離から撮影し始めました。

公道で行われる公人による、税金も使われている選挙運動です。選挙運動は公職選挙法に基礎づけられ、公共性が極めて高いものです。また、候補者をさまざまな角度からチェックし、ある意味「丸裸」にして選択の参考にするのが選挙期間の意義であることを考えれば、取材に「待った」がかけられるとは、想像もしていませんでした。たとえ前作『選挙』が浅野市議のお気に召さなかったとしても、です。

ところが、市議や運動員からは「撮るな」と言われ、カメラのレンズを手で塞がれました。それでも僕は「選挙は公的なものだから自由に撮れるはず」と反論し、拒否される様子を撮り続けました。するとその夜、自民党川崎支連から依頼を受けた弁護士から「今日撮った映像を使うな。消去しろ」という主旨の「通知書」が送られてきたのです。その抜粋は次の通りです。

貴殿が行った行為は、浅野その他の公認候補者や選挙運動員らの肖像権を侵害するものと思料されます。よって、今後、一切、本人の事前の承諾なくこのような撮影を行わないよう求めます。また、わが党所属の公認候補者及び選挙運動員を撮影した映像は速やかに消去し、万一にも使用することのないように厳に申し入れます。

そしてその翌日には、やはり前作に出ている自民党の持田文男県議会議員候補（現職）からも同様の取材拒否を受けました。しかし僕はその様子を撮り続けました。持田県議からは「あなたには文書が行ってるでしょう？　映像や音声を使うというのなら、党を挙げて後で問題にしますよ」と釘を刺されました。

さて、どうしたものか。

もし、彼らの主張を無視して映像を映画に使えば、訴えられる可能性もあります。しかも、相手は権力と財力のある政権与党であり、僕は一介の映画作家です。

正直、ためらいました。一時は、映像を使用しないことも真剣に検討しました。

しかし、弁護士に相談してみたところ、「訴訟になっても勝てると思う」と言います。なぜなら、過去の最高裁判例などと照らし合わせてみても、僕の行為は日本国憲法第二一条で保障された「表現の自由」や「報道の自由」の範囲内だというのです。

考えてみれば、選挙運動中の候補者に「お前は撮ってもいいけど、お前はダメ」などと取材者を選ぶ権利を与えてしまったら、国民の知る権利は行使できず、民主主義など成り立ちません。当たり前と言えば、当たり前です。大義は僕の方にあるのです。

やはり、ここで自主規制するわけにはいかない、と僕は意を決しました。

特に今は、安倍首相が憲法第九六条の先行改定を目標として掲げ、日本国憲法を本気で改悪しようとしているご時世です。繰り返しになりますが、自民党の改憲案では、今まさに僕の表現を守ってくれている第二一条が、次のように変えられようとしています。

【現行憲法】　第二一条　集会、結社及び言論、出版その他一切の表現の自由は、これを保障する。

【自民党改憲案】　第二一条　集会、結社及び言論、出版その他一切の表現の自由は、保障する。

2　前項の規定にかかわらず、公益及び公の秩序を害することを目的とした活動を行い、並びにそれを目的として結社をすることは、認められない。

もしこのような改憲がなされたら、僕の撮影行為は「公益及び公の秩序を害することを目的とした活動」と認定され、取り締まられる可能性が高いでしょう。もしかすると、僕は逮捕・投獄され、『選挙2』を公開した映画館は閉鎖されたりするかもしれません。少なくともその可能性を排除できなくなるのです。

しかし、たとえこのような改憲がなされなかったとしても、もしここで僕が自主規制したらどうでしょうか。

憲法の字面では表現の自由が立派に保障されていても、僕はそれを自ら放棄することになります。そしてその分、憲法とそれが保障する民主主義的価値は形骸化してしまいます。

憲法とは、たとえ文面がそのままでも、そこに保障されている権利を主権者が行使しないのであれば、実質的に力を失っていくものなのです。

主権者の一人として、そんなことを許してよいものか。

結局、思い切って、僕らは『選挙2』を一三年夏に劇場公開しました。撮影を拒否する自民党候補者の映像を使用したままです。しかし今のところ、自民党側からは何のアクションもありません。恐らく彼らも、僕の表現が憲法によって守られているため、裁判に訴えても勝てないことを承知しているのです。

日比谷図書館での『選挙』上映中止事件

もう一つの出来事は、前作『選挙』を千代田区立・日比谷図書館で上映しようとした際に生じました。

二〇〇七年に劇場公開された本作は、〇五年に小泉旋風が吹き荒れる中、自民党から立候補した山さんのドブ板選挙の舞台裏を描いた作品です。ベルリン国際映画祭でワールドプレミアされ、世界中でテレビ放映もされました。アメリカでは「放送界のピュリッツァー賞」といわれるピーボディ賞を受賞しています。日本ではＤＶＤも広く販売され、レンタル店にも置いてあります。

言ってみれば、誰でも気軽に観ることのできる「旧作」です。

しかし、『選挙2』の劇場公開を控えた僕と配給会社の東風《とうふう》は、『選挙2』の前に『選挙』を改めて観てもらう機会をつくりたいと考えました。そして、参院選の直前にあたる一三年七月二日に日比谷図書館で『選挙』を上映し、山さんと僕のトークイベントを行うことを企画しました。大事な国政選挙の直前に行えば、日本の選挙の在り方についての議論が白熱し、意義深い上映会になるだろうと期待したからです。

日比谷図書館は千代田区立ですが、民間の指定管理会社がその運営を担っています。そこで東風と指定管理会社（図書館流通センター）は上映イベントを共同主催で行うことで合意し、映画の公式サイトなどで広く情報を告知し、チラシも刷りました。すべては順調に進んでいるように見えました。

ところが、チラシを各所に設置し始めた矢先、思いもかけないことが起こりました。千代田区の担当者が上映に懸念を示し、図書館流通センターが一方的に中止を決定してしまったのです。東風や僕に一言の相談もなく。これには驚きました。

結局、僕らの抗議を受けて上映中止は撤回され、東風単独の主催でイベントは開催されることになりました。のみならず、事件は『東京新聞』や『朝日新聞』でも大きく報道されたので、定員二〇〇名の会場に入りきれないほどの観客が来てくれました（入れずに帰っていただいた方々、すみません）。結果的には、イベントは大成功です。

しかし、僕らが粘り強く抗議していなかったら、上映会は不当に検閲され、中止されていたのです。その経緯と僕の考えたことについては、六月二八日付のブログに詳しいので、少し長いですが引用します。

七月二日(火)に予定されている千代田区立・日比谷図書館での『選挙』上映と山さんとのトーク、実は開催を危ぶまれていた。なぜか? 先週の金曜日(六月二一日)、千代田区図書・文化資源課が上映に懸念を示し、図書館を運営する指定管理会社が中止を一方的に決定したからだ。

すでにチラシは刷り上がり、告知も済んでいた。にもかかわらず、共催である配給会社・東風に一言の相談もなく、中止は決定された。説明を求め、一昨日(六月二六日)午前中に指定管理会社の担当者の方々に面会した。その時点で、中止は決定済みで変更できないと言われた。

彼らの説明によれば、千代田区の懸念の内容はこうだ。「参院選の前にセンシティブな内容の映画を上映することは難しいところがある。怖い。映画が選挙制度そのものについて一石を投じる内容になってしまっている。議論が起きること自体が好ましくない。過去に苦情等のトラブルが生じたこともある」

しかし、映画『選挙』は特定の政党や候補者を応援したりするものではないので、公職選挙法に触れたりはしない。その点は区も承知しているという。では、何が問題なのか。違法でもないのに、なぜ上映を中止するのか。僕らは疑問を表明し、抗議した。また、中止するなら中止の理由を公表すると伝えた。

すると午後になって再び面会を求められた。中止ではなく、参院選後に延期してもらえないか。それが彼らの「お願い」だった。しかしそれは僕らには受け入れられない。選挙前だからこそ映画を観て語りたいのだ。適法なのだから、今こそ堂々と上映し語るべきなのだ。逆に上映できない理由はないはずだ。

結局、指定管理会社との「共催」ではなく、東風の単独主催で上映することに落ち着いた。したがって会場費は東風が負担し、チラシも東風が刷り直す。大きな負担だ。しかし上映が、そして我々の表現の自由がギリギリで守れたことは成果だ。

「選挙直前に選挙について語るのはダメ」などという不条理を許容しないで済んだことも良かった。だいたい、選挙期間になると、選挙について、政治について語れなくなることこそが、ニッポンの民主主義の本質的な問題なのだ。

とはいえ、腑に落ちない点がある。ある新聞社の記者が千代田区図書・文化資源課の担当者に取材したところ、「映画の内容に懸念を示したことはない」と言ったというのだ。だとしたら、指定管理会社が僕らに嘘を付いていたというのか？　そんなわけはないだろう。

そもそも、この上映&トーク企画を率先して提案してくれたのは、映画『選挙』を好いてくれた指定管理会社のスタッフである。その有志が勤務外にボランティアで準備を進めてくれていた。僕はそれがとても嬉しかった。そんな彼らが、自分から中止を決めるわけがない。

僕の想像はこうだ。区の仕事を請け負う指定管理会社は、とても立場が弱い存在である。何か問題が起これば、契約を切られ雇用も失われる。だから区の意向には逆らいにくい。だからちょっとした懸念にも敏感に反応し付度《そんたく》する。

区はそういう指定管理会社の弱い立場につけ込み、すべての責任を押し付けようとしているのではないか？　そんなことが許されていいのか？　指定管理者制度は、何か問題が起きた時に役所が民間に責任を押し付けるための装置なのか？　それこそ、無責任ニッポン社会の典型ではないか？

僕はこの事実を公表することに、ためらいを感じた。指定管理会社の立場が、さらに弱くなることを恐れたからである。下手をすると次の契約更改時に不当に切られる可能性がある。すると社員の仕事も失われる。それは僕の望む所ではない。彼らは一生懸命仕事をしている。

しかし、区がシラを切り通そうとしているならば、それを伏せたままでよいのだろうか？このまま「何事もなかったかのように」上映をしていいのだろうか？　だいたい、区は「表現の自由」を軽く考え過ぎているのではないか？　実はこのようなことは、これまで公にならないだけで、頻繁にあったのではないか？

中島岳志さんが著書『「リベラル保守」宣言』の印刷直前に、ＮＴＴ出版から橋下徹大阪市長について書いた章の削除を求められ、新潮社に出版社を引っ越したというツイートを読んだ。同じようなことが、あちらこちらで起きているのではないか？

『選挙2』の中で、路上で選挙運動をする自民党議員から撮影拒否を受けたことも思い出した。僕は撮影を続行したが、川崎市連の弁護士からは「映像を使うな」という通知書が届いた。だが、もちろん映像は使った。これらの出来事は、すべて根っこで繋がっているように思う。

ものを言いにくい雰囲気。これが社会の隅々にまで充満している。その雰囲気を打破する唯一の方法は何か？　タブーなく語ることである。逆に、語ることを自主規制すれば、ものを言いにくい雰囲気に加担することになる。

僕は問題の所在を明らかにし、オープンな議論を巻き起こすためにも、今回の経緯を公表する必要があると判断した。その決断に東風も賛意を示した。指定管理会社の皆さんには申し訳ないという気持ちもある。しかし、彼らも一度は中止の決定をした主体だ。一定の責任は感じてもらいたい。

七月二日の日比谷図書館での上映後のトークでも、この問題について語りたいと思う。個人の責任を追及するつもりは一切ない。そんなことより、問題提起をしたい。語ることはタブーだという雰囲気があるが、そのタブーこそが問題だと思うのだ。

現時点で、区の担当者とは僕らは一度も話していないし、面会もしていない。僕の申し上げていることが間違っているなら、区はトークの場に出てきて反論して欲しい。僕は誰かを糾弾するつもりはない。僕が求めているのは、対話であり、率直な議論である。

想田和弘

上映会の当日、区の担当者は姿を現しませんでした。代わりに、千代田区のホームページに「千代田区立日比谷図書文化館における映画『選挙』上映会に関する区の対応について」と題する、事実誤認を含む釈明文が載せられ、事態の幕引きが図られました。僕はそれに対する反論の文章をブログに載せましたが、それに対する区の見解は示されていません。

二つの出来事から見えること

これら二つの出来事は、天下国家の問題から比べれば、極めて小さく些細なことかもしれません。しかし、それらが僕らに教えてくれることは、とても大切なような気がしています。

まず、これらの出来事は、まさに些細に見えるがゆえに、当事者としては「妥協してもいいかな」と思って「不戦敗」を選びがちである、ということです。

僕もいまでこそ「妥協せずに闘って表現の自由が守れてよかった」と心の底から感じていますが、その決断をするまでは、大いに迷いためらいました。いずれの件も、闘うとなれば莫大なエネルギーと時間が必要ですし、下手をすれば自分が大怪我をします。訴訟に発展するかもしれません。そうなるとお金もかかります。

「そんなリスクを取るよりも、妥協して丸くおさめればいいじゃないか」というささやきが心の中で大きくなるのも、人間の感情としては自然なことなのです。

特に『選挙』の日比谷図書館での上映などは、別にそのたった一日限りの上映会が中止されたからといって、僕のキャリアに特別な支障が生じるわけではありません。『選挙』はすでに世の中に広く出回っている作品ですし、現に新作である『選挙2』の上映に合わせて、渋谷の映画館での再上映もすでに決定していたのです。

だから敢えて千代田区や図書館とコトを構えるよりも、軽く受け流す方が明らかに「大人の対応」であるように思えました。逆にコトを荒立てたりすれば、指定管理会社の担当者を窮地に陥れると同時に、「今後図書館網で自分の作品を上映するのがやりにくくなって損ではないか」などとも恐れました。それに、僕は元来、人と争うのが好きではないのです。こう見えても、かなり円満な性格なのです。

しかし、ブログの文章でも少し触れたように、次のような考えが僕をギリギリで踏みとどまらせました。

「もしかするとこうした小さな〝不戦敗〟がこれまでにも社会で積み重ねられてきたからこそ、いま僕が直面しているような事態が生じているのではないか」

不戦敗で失うもの

そもそも、千代田区が上映に懸念を示したり、図書館流通センターが一方的に上映中止を決めたりしたことが、僕にとっては不可解かつ衝撃的でした。

もし僕が担当者だったら、上映することで生じるかもしれない「苦情等のトラブル」などよりも、作品を検閲し上映を中止することで巻き起こる「社会問題」の方を一〇〇〇倍くらい恐れて、おいそれとそんな決定は下せないと思うからです。彼らが「苦情等のトラブル」と「社会問題」を秤《はかり》にかけて、前者を重くみたのだとしたら、とても奇妙な判断だと思うのです。

では、なぜ彼らはそんな不条理な行動をとったのか。

もしかすると、僕らが抗議するなどとは思いもよらず、したがって社会問題になるかもしれないなどとは、露ほどにも考えなかったのではないでしょうか。そう考えると、彼らの行動にも合理性が出てきます。そもそも秤にかけるべき「社会問題」という視点が欠落していた、という仮説です。

しかし、だとすれば、僕ら表現者は本当に舐められたものです。理不尽な理由で一方的に上映中止を告げられても、「なるほど、そうですか」と大人しく引き下がると思われていたわけですから。けれども、いろんな状況を総合して考えれば、そういう可能性が高いと思われるのです。同時に、それは僕に次のような推論を余儀なくさせます。

「表現者側が大人しく引き下がることが、これまでにもあったのではないか」

逆に言うと、僕や東風がここで引き下がれば、彼らは「検閲をしても大きな問題にはならない」という信念を得てしまうことは確実です。そうなると、今後同じような問題が起きたときに、同じような対応を取ることは目に見えています。

つまり僕らがここで妥協することは、日本社会における「表現の自由」を一歩後退させることになるのです。

「撮るなと言えば、想田は撮影をやめるはずだ」

『選挙2』における自民党議員による撮影拒否の問題にも、同じことが言えます。

そもそも、現職の市議会議員や県議会議員があのような強硬な行動を取ったことが、僕としては不可解でした。つまり、僕がカメラを回しているにもかかわらず、なぜ彼らは「撮るな」とカメラに向かって言えたのか、という問題です。

もし、「撮るな」と言い続ける自分の映像が使われてしまうと考えていたら、恐らく彼らはあんな態度に出なかったでしょう。もっと普通の対応をしていたはずです。

では、なぜ彼らがあのような態度に出たのかといえば、理由はひとつしか考えられません。「撮るなと言えば、想田は撮影をやめるはずだ」と思っていたのです。

それは、浅野市議を撮影した夜に自民党の弁護士から送られてきた「通知書」についても言えます。僕はあの文書がメールで送られてきたとき、自民党はなぜこんな「恫喝の動かぬ証拠」をわざわざ敵側に渡したのだろうと、不思議に思いました。でも、よく考えれば、彼らがそういうリスクを冒してまで通知書を送ってきた理由は、ひとつしか考えられません。彼らはたぶん、こう信じていたのです。

「「映像を使うな」と弁護士名で脅せば、想田は使わないはずだ」

自民党川崎支連の界隈では、もしかすると為政者に都合の悪いことを書こうという記者はいないし、いたとしても恫喝すれば「不戦敗」をして黙るのでしょう。そういう「成功体験」に裏打ちされていたからこそ、彼らは僕に対してあのような行動を取ったのではないでしょうか。

だとすれば、僕がさらに彼らに成功体験を積み重ねさせるような行動は、厳に慎まなければなりません。ここで不戦敗をすれば、ほんの少しだけかもしれませんが、日本の民主主義も確実に後退してしまうからです。民主主義を作り上げていく過程が「千里の道も一歩から」なら、後退の過程も、同じく「千里の道も一歩から」なのです。

いや、もっと言うと、日本の民主主義がここまで崖っぷちにまで追いやられているのは、これまでに小さな不戦敗を無数に積み重ねてきた結果にほかならないと思うのです。

若手スタッフの「気づき」

これは、権力を預かる人たちの意識の問題だけではありません。もし不戦敗を積み重ねていくなら、僕ら主権者の民主的な感覚も確実に鈍っていきます。

実は、日比谷図書館側が『選挙』の上映中止を一方的に決めたとき、その最初の対応に当たった東風の若いスタッフは、設置していたチラシを反射的に回収し、公式サイト上の告知を削除し、別の上映会場を探すという行動に出ていました。彼の意識の中では、それが「表現の自由の問題である」という発想が立ち上がらず、通常のトラブルのように対処をしようとしたのです。

思えば、無理もありません。起きていることをどのように解釈し位置づけるかという問題は、その渦中にいる人間にとっては、なかなか難しい課題です。特に「表現の自由」などという「切り口」は、公民の教科書では目にするかもしれませんが、二〇代の若者が現実の生活の中で日々考えているようなものでもないでしょう。だから、生じた問題をそういう観点から眺めるという発想そのものが起動せず、脳内のセンサーとアラーム音が作動しなかったのは、むしろ一般的な反応だと思うのです。

しかし、僕や東風の先輩スタッフが起きた問題を聞きつけ、それが「検閲」や「表現の自由」の問題であることを指摘したら、彼はすぐにハッとしたような表情になりました。「なるほど、そういえばそうだ」という感じです。ようやくセンサーが作動し、アラーム音が鳴ったのです。以来、彼は対処の方法を一八〇度改め、一度も立場がブレることなく、僕らと一緒に粘り強く闘ってくれたのです。

僕はこの問題を通じて、映画の配給に携わる若手スタッフにそういう「気づき」が芽生え、それを大事にしながらみんなで最後まで闘うという経験ができただけでも、不戦敗をしなくて本当に良かったと感じています。彼の中では「表現の自由」という民主主義的価値が単なる抽象的な概念であることをやめ、身体化したのではないでしょうか。

したがって、もしこのような問題が今後彼の周辺で起きたときに、彼はきっと不戦敗をしないで闘ってくれることでしょう。すると彼の姿に接した彼の後輩は、その「伝統」を引き継いでくれるかもしれません。そして、そういう連鎖反応こそが、民主主義の足腰を鍛えていくことになるのだと思います。

逆に僕らが不戦敗を決め込んでいたら、彼は「大人の世界ではそうするものだ」と信じ、将来似たようなことが起きたときにも、同じように対応してしまったかもしれません。すると彼の後輩も同じように行動する可能性が高まり、歴史の悪循環が始まります。

若い人は、良くも悪くも、先輩の姿を見て育つのです。

僕自身、民主主義的価値観を育て、センサーを磨いたのは、先輩たちの姿を眺めることによってでした。一八歳で東大に入学し、『東京大学新聞』という老舗の学生新聞に入った際、田舎から出てきたばかりの僕は本当に驚かされました。先輩たちが、日々「人学の自治」や「言論の自由」について激論を交わし、それらを守るために奮闘していたからです。

考えてみれば、僕はそのようにして受け取った大事なものを、次世代の人々に引き継ぐ作業をこれまで怠ってきたように思います。僕がいま半ば躍起になって民主主義的価値にこだわり、世の中に対して積極的に発信しているのは、そういう自分の怠慢を正し、少しでも挽回したいと思うからかもしれません。

いずれにせよ、日比谷図書館事件を通じて、「表現の自由」を最後まで守り抜く闘いを経験した仲間がこの世の中に増えたことは、日本の民主主義に多少なりとも「実」が入ったことなのではないでしょうか。民主主義を育てるということは、究極的には、それを担う人間を育てるということだと思うのです。

不断の努力

最後に、日本国憲法の話に戻りましょう。

改めて日本国憲法を読み直してみると、七〇年近く前に憲法を書いた人も、「民主主義にとって大事なのは日常の小さな闘いの積み重ねなのだ」と考えていたであろうことが、窺われます。憲法第一二条には、次のように記されているからです。

第一二条　この憲法が国民に保障する自由及び権利は、国民の不断の努力によつて、これを保持しなければならない。（以下略）

僕は学生の頃にこの条文を読んだときは、別に何も感じませんでした。しかし、自民党議員による撮影拒否の問題で迷っている際に、何とはなしにこの一節を目にした際には、背筋に鳥肌が立つほど感動してしまいました。

「ああ、〝不断の努力〟とは、このような局面で屈せずに筋を通すことを指しているのだな」

そう、僕は思ったのです。だから自民党による脅しにも、一歩も引けなくなったのです。

そして、日比谷図書館の問題が起きたときにも、僕の精神を根っこの部分で支えたのはこの第一二条でした。

「憲法を書いた人は、僕がいま遭遇しているような事態が起きることを、きっと予測していたに違いない。なぜなら、その人もそのようにして、自由と権利を守り育ててきたからだ」

そう思うと、七〇年近くの時を超えて、憲法の書き手と、突然、心がつながるような気がしたのです。それはとりもなおさず、悪戦苦闘しながら民主主義を作り上げてきた人類の歴史とつながることでもあるのです。

「熱狂なきファシズム」に抵抗していく究極の手段は、主権者一人ひとりが「不断の努力」をしていくことにほかならないのだと信じます。

おわりに

二〇一三年九月、安倍首相が国際オリンピック委員会(ＩＯＣ)で福島第一原発について「コントロールされている」と明らかな嘘をつき、委員会もその説明を丸呑みすることで、東京五輪の開催が決定しました。

一部を除く日本のマスコミは首相の嘘に目をつぶって祝賀モードになり、過半数の日本人も手放しで喜んでいるようにみえます。一方で、東京五輪に批判的な意見を述べたりすると「喜びに水を差すのか」「ウザい」「キモい」「非国民だ」などと、非難されるという現象がネット上で生じています(僕自身も実際にそのような非難を受けました)。

二〇一三年九月一二日付の『産経新聞』電子版によれば、早くも警視庁が「五輪に反対するグループ」によるテロを想定した訓練を行ったそうです。「反対派＝テロ予備軍」という予断を含んだ前提で警察が訓練を行うことには問題があると思いますが、日本社会から批判の声はほとんど聞こえてきません(記事にも批判的な視点はありませんでした)。

原発事故の影響を「なかったこと」にしないと実現しなかった招致ですから、今後原発を巡る状況が悪化しそれを指摘すれば、すなわち「五輪に水を差す」ことになります。したがって五輪で儲けようという経済界や、広告収入を見込むマスコミには、放射能汚染の状況が悪化したとしても、それを過小評価したいという圧力が生まれるでしょう。日本社会には原発事故をますます「なかったこと」にしようという強力な動機が生まれたと言えます。

また、五輪招致成功で国民の人気をアップさせた安倍政権は、この機に乗じて民主主義を切り崩す政策をさらに強力に推し進めようとしてくるでしょう。

早速、「もともと五輪に反対意見だとしても、いったん決まったからにはみんなで盛り上げることに協力すべきだ」などという言説も聞こえてきます。しかしそのような論理を認めてしまったら、「いったん戦争が始まってしまったからには、勝つことに協力しろ」などという理屈も認めなければなりません。東京五輪に賛成するのは自由ですが、反対意見も自由に言える雰囲気が保たれていなければ、民主主義は健全に機能しないし、権力は腐敗するのです。

七年後の五輪に向けて、これからますます強まりそうにみえる全体主義的な社会の雰囲気に抗っていくには、どうすればよいのでしょうか。

繰り返しになりますが、ここでもやはり特効薬はないように思います。少数意見が抑圧されそうになる局面で、一人ひとりがいかにそれを見て見ぬ振りをせず、異議を唱えることができるか。日々の小さい闘いの一つひとつを放棄せずに、いかに粘り強く闘っていくことができるか。結局頼れるのは、私たち一人ひとりによる「不断の努力」以外にないのではないでしょうか。

なぜなら、民主主義においては、私たち一人ひとりがその担い手であり、責任の主体であるからです。その危機を一人で救ってくれるスーパーヒーローは、どこにも存在しないのです。

最後にそのことをもう一度申し上げて、筆を置きたいと思います。

想田和弘

1970年栃木県足利市生まれ．東京大学文学部卒業後渡米，ニューヨークのスクール・オブ・ビジュアルアーツ映画学科卒業．93年からニューヨーク在住．NHKなどのドキュメンタリー番組を40本以上手掛けたのち，台本・ナレーション・BGM等のない，自ら「観察映画」と呼ぶドキュメンタリーの手法で『選挙』(2007)を完成させる．同作は世界200カ国近くでテレビ放映され，アメリカでは優秀なテレビ番組に与えられるピーボディ賞を受賞，各地の映画祭でも高い評価を受けた．以降の作品に『精神』(2008，釜山国際映画祭とドバイ国際映画祭で最優秀ドキュメンタリー賞など)，『Peace』(2010，韓国・非武装地帯ドキュメンタリー映画祭のオープニング作品，東京フィルメックス観客賞，香港国際映画祭最優秀ドキュメンタリー賞など)，二部作『演劇1』『演劇2』(2012，ナント国際映画祭「若い審査員」賞)，『選挙2』(2013)，『牡蠣工場』(2016)，『港町』(2018)，『ザ・ビッグハウス』(2018)．
著書に『演劇vs.映画』，『THE BIG HOUSE アメリカを撮る』(以上，岩波書店)，『精神病とモザイク　タブーの世界にカメラを向ける』(中央法規出版)，『なぜ僕はドキュメンタリーを撮るのか』(講談社現代新書)，『熱狂なきファシズム』(河出書房新社)，『カメラを持て，町に出よう』(集英社インターナショナル)，『観察する男』(ミシマ社)など．

公式サイト http://www.laboratoryx.us/sodaofficial
ブログ「観察映画の周辺」
http://documentary-campaign.blogspot.jp/
ツイッター@KazuhiroSoda

日本人は民主主義を捨てたがっているのか？　岩波ブックレット885

2013年11月6日　第1刷発行
2019年6月14日　第9刷発行

著　者　想田和弘《そうだかずひろ》

発行者　岡本　厚

発行所　株式会社　岩波書店
〒101-8002 東京都千代田区一ツ橋2-5-5
電話案内 03-5210-4000　営業部 03-5210-4111
https://www.iwanami.co.jp/booklet/

印刷・製本　法令印刷　　装丁　副田高行　　表紙イラスト　藤原ヒロコ

ISBN 978-4-00-270885-0　　Printed in Japan